Cómo Interceder Por Tu Vida

Revisado 2019

Un Manual de Intercesión
Pastor Ray Villegas

CÓMO INTERCEDER POR TU VIDA

Todos los derechos están reservados © 2019

Está prohibida la reproducción total o parcial sin la previa autorización escrita del pastor Ray Villegas del Ministerio Internacional Transformando Vidas en la ciudad de Garden Grove, California.

Este documento está escrito por el pastor Ray Villegas de Transformando Vidas

Para más información de estudios, enseñanzas, prédicas y del ministerio Transformando Vidas nos puede escribir a nuestro correo electrónico a:

transformandovidasgg@gmail.com

www.iglesiatransformandovidas.org

CONTENIDO

1. Introducción 2
2. Cómo orar por mi vida 4
3. Ejemplo de una oración 18
4. Cuando Dios no contesta nuestras oraciones 22
5. La importancia de la intercesión 28
6. Cómo interceder por mi vida 36
7. Protección antes de la intercesión 42
8. ¿Qué espíritu atacar antes de interceder? 46
9. Pasos para una auto liberación 50
10. Ejemplo de una Intercesión 78
11. La intercesión 86
12. Las llaves que Cristo nos dejó para prohibir 116
13. Las llaves que Cristo nos dejó para desatar 124

INTRODUCCIÓN

Muchas Gracias por haberse tomado el tiempo de leer éste estudio que bendecirá su vida espiritual; a través de la lectura en este manual, usted aprenderá a orar con nuestro Padre Celestial y podrá sentirse cada día más cerca de Dios. Su vida tomará otro rumbo diferente para bendición de usted y la de su familia. Después del estudio de la oración sigue el próximo nivel de la intercesión para su vida y la de su familia. Le animo para que desde hoy en adelante usted sea esa persona que intercede por todos los de su casa.

Desde este momento, oro por su vida, para que usted tenga un tiempo glorioso a través de la lectura y de su práctica en la oración y la intercesión.

Recuerde que sólo cuando practicamos las cosas, es cuando podemos aprender otros hábitos, por esa razón le animo a que usted practique la intercesión en su vida cotidiana.

Cómo Interceder por Tu Vida

COMO ORAR POR MI VIDA

- ¿Cómo orar si yo no sé orar?
- ¿Por qué hay personas que saben orar bien?
- ¿Cómo puedo aprender a orar por mi vida?

La mayoría de las personas nos preguntamos en algún momento de nuestra vida, acerca de ¿cómo podemos orar a Dios? Cuando llegamos a una iglesia y vemos a personas orando nos gustaría orar como otros oran.

Algunos cristianos se les hace aburrido la oración porque no se les ha enseñado y no expresan de su corazón lo que deben decirle a Dios. Otros cristianos comenzaron algún día a orar, pero como no vieron resultados pronto, dejaron de orar.

La realidad es que tristemente hay un mayor porcentaje en las iglesias cristianas de creyentes que no tienen una vida de oración, y por lo tanto les gusta que mejor oren por ellos en los servicios, esperando recibir un cambio por la oración de alguien más.

Pero, ¿Qué significa orar?

Orar significa hablar con Dios, expresarle a Dios lo que hay dentro de nuestro corazón, lo que sentimos dentro y poder expresarlo a Dios. Sacar los pensamientos que están motivándonos o queriéndonos desanimar, ya sea de la vida nuestra o de nuestra familia y nuestras amistades; orar es expresarle a Dios nuestra vida todo lo bueno y lo que pensamos que no es bueno de lo que nos está pasando; también la oración es ponerse a cuentas con Dios, en la oración pedimos perdón por todos los pecados que hayamos cometido en contra de Dios y de nuestro prójimo.

¿Cómo orar por mi vida?

Para poder orar por nuestras vidas debemos de tener el deseo de tomar un tiempo y hacerlo un hábito diario, hacer un esfuerzo en nuestra vida cotidiana para tener ese tiempo de oración con Dios.

Lucas capítulo 18:1 Jesucristo les enseñó a sus discípulos la necesidad de orar siempre y no desmayar, no desanimarse.

La oración no es de una vez al año, no es una vez al mes o tampoco una vez a la semana. La oración es de todos los días. La oración nos acercará cada día más con nuestro Creador. En otras palabras la oración es un estilo de vida.

La Biblia dice en Job capítulo uno, que Job oraba todos los días por sus hijos y hacía holocausto por ellos; tal vez sus hijos habían pecado delante de Dios. Job quería que sus hijos estuvieran bien delante de Dios y por esa razón intercedía por su familia. Job era un hombre que le importaba su familia, se preocupaba por su familia, hacía su ministerio como padre de familia e intercedía por toda su familia todos los días.

En este estudio de la oración y la intercesión, es un estudio muy sencillo, pero con resultados impactantes para aquellas personas que pongan en práctica lo que está escrito en este documento.

¿Cómo comenzamos una oración?

Cada vez que nos acercamos a Dios en oración, primero pedimos perdón por nuestros pecados de todas aquellas cosas que hallamos hecho que ofendieron a Dios, pecados contra Dios o pecados contra nuestro prójimo. No importa que para nosotros no lo veamos como pecado, porque puede que para Dios sea un pecado.

1 Juan 1:9 Si confesamos nuestros pecados, Él es fiel y justo para perdonar nuestros pecados, y limpiarnos de toda maldad.

Una vez que confesamos nuestros pecados, la Escritura dice que Dios nos perdonará y nos limpiará, gracias a Dios por ese perdón que está disponible para todos los que confiesen sus pecados; por eso le recomiendo que cada vez que usted ore, saque todo lo que hay dentro de su corazón; es más, pídale a Dios que le revele si hay más pecados escondidos en su corazón, para que salgan y usted esté en paz con Dios y con usted mismo. También aquí es muy importante, porque si usted saca todas las cosas malas que haya hecho, el enemigo no lo acusará de nada, porque no tendrá nada de que acusarlo, por el contrario si usted se guarda algo que no quiere confesar, la Escritura dice que Satanás es el acusador de nosotros; y lo estará acusando todos los días y las noches. (Apocalipsis 12:10).

Juan 14:30 No hablaré mucho con vosotros, porque viene el príncipe de este mundo, y él (Satanás) nada tiene en mí.

Cuando no hay pecado en nuestras vidas, no hay manera que el diablo pueda acusarnos ante Dios, porque estamos limpios, por la Sangre del Cordero de Dios, por eso le animo que usted confiese todo pecado y el diablo no tendrá nada de que acusarlo.

Apocalipsis 12:10 Después escuché una voz fuerte en el cielo, ahora la salvación y la fuerza y el reino de nuestro Dios, y el poder de Su Cristo ha venido, porque <u>el acusador de nuestros hermanos</u>, quien los acusaba delante de Dios día y noche, ha sido echado fuera.

¿Cómo puedo mejorar en mi oración?

La oración debe ser hecha todos los días, no importando el tiempo que se pase orando; nunca se está perdiendo el tiempo en la oración, sino se está invirtiendo.

Yo recomiendo, que usted comience orando tres minutos al día la primer semana, para la próxima semana usted le adhiere otros tres minutos y así sucesivamente le va adhiriendo en las próximas semanas, y va de aumento en la oración y la intimidad con Dios; llegará un momento donde usted no se dará cuenta del tiempo que está compartiendo con nuestro Padre Celestial; también en su oración, usted le puede pedir a Dios que le enseñe a orar, le puede decir que le dé palabras para poder expresarse con Él.

¿Cómo oramos?

Toda oración debe ser hecha en el nombre de Jesús. Jesús nos enseña en la Biblia como se debe de orar. La oración no es repetición de las mismas palabras todos los días, sino lo que hay dentro de nuestro corazón, todo aquello que podamos expresarle a Dios de lo que estamos viviendo.

San Juan 14:13 Todo lo que pidieres al Padre en mi Nombre, lo haré, para que el Padre sea glorificado en el Hijo.

Toda oración debe hacerse "**solo**" en el nombre de Jesús.

¿Por qué en el nombre de Jesús y no en otro nombre?

Por que Jesús es el Hijo de Dios que vino a dar su vida por nosotros, Jesús fue el que murió por nuestros pecados en una cruz, Jesús es el Cordero de Dios, Jesús fue el que resucitó para darnos vida, Jesús es el Camino, Jesús es el mediador entre Dios y los hombres, Jesús es el que venció a los poderes y los gobernadores de las tinieblas en la cruz, Jesús es el que está sentado a la diestra de Dios intercediendo por nosotros.

¿A quién nos dirigimos en la oración?

Jesús nos enseñó en Mateo 6:9 que nos dirigimos a nuestro Padre que está en los cielos. "Padre Nuestro que estás en los cielos, Santificado sea Tu Nombre…" Jesús le llama "Padre Nuestro", así es como debemos de acercarnos a nuestro Dios, ÉL es nuestro Padre Celestial, Él es nuestro Creador.

¿Cómo sé que ÉL es mi Padre?

Para que Dios el Padre Celestial, sea nuestro Padre, primero tenemos que creer en Jesucristo como el Hijo de Dios. El Evangelio Según San Juan dice que así es como recibimos el derecho de ser hijos de Dios; de esa manera es como nos acercamos a nuestro Padre celestial.

Juan 1:12 Nueva Versión Internacional
Más a cuantos le recibieron, a los que creen en Su Nombre, les dio el derecho de ser hijos de Dios.

Si usted no ha recibido a Jesús como Su Salvador lea lo siguiente:

¿Le gustaría recibir a Jesús como su Señor y Salvador de su vida para que usted entre a la familia de Dios?

Repita la siguiente oración:
Padre celestial, en este momento yo me acerco a Ti, y te pido perdón por todos los pecados que yo he cometido en toda mi vida, de los que me acuerdo y de los que me son ocultos; en este día yo me arrepiento de haberte ofendido y haber hecho cosas que no son de Tu agrado; yo recibo a Jesucristo como mi Señor y Salvador de mi vida, y te pido que escribas mi nombre en el libro de la vida; gracias por aceptarme y darme el derecho de ser Tu hijo. Amén!

La mayoría de las personas solo oran unos pocos minutos y como no ven resultados pronto, entonces dejan de orar y se decepcionan por no obtener lo que buscaban o pedían en oración.

La oración se va haciendo una necesidad a través del tiempo que le dedicamos, es algo similar como el mirar un programa de televisión o una novela, si usted nunca lo ha visto, no está interesado; pero una vez que le dedica tiempo, y mira algunas escenas, usted se comienza a interesar por ese programa o novela; algo similar sucede en la oración una vez que usted comienza, no se desespere, siga adelante; llegará el momento donde será un deleite estar orando con Dios, pasando tiempo juntos con el Creador del Universo.

La oración es un tiempo hermoso que no está perdiendo, sino que está invirtiendo en el Reino de Dios; cuando sea necesario Dios le dará su respuesta. Le animo a que no renuncie a su tiempo de oración, no se desanime; sino que persevere hasta que usted vea resultados a su favor.

Hasta aquí hemos aprendido que hay que orar todos los días, hasta que se haga un estilo de vida en nosotros, el orar con Dios es conocer más a fondo a Dios, porque ÉL le hablará a su vida y le pedirá o quitará cosas que a ÉL no le agradan, esto es para mejoramiento de nuestras vidas.

¿Cómo orar por mi vida?

Esto ya lo vimos anteriormente, solo quiero volver a repetirlo porque es muy importante:
Primero debemos de confesar nuestros pecados delante de Dios para que estemos limpios ante ÉL y así poder comenzar nuestra comunión sin tener que ser acusados delante de Dios, por el enemigo de nuestras vidas. Después podremos interceder por nuestra vida y por nuestros familiares.

1 Juan 1:8
Si decimos que no tenemos pecado, nos engañamos a nosotros mismos, y la verdad no está en nosotros.

Primero pedimos perdón a Dios por todos los pecados que hayamos cometido durante el día, ya sea contra Dios o contra nuestro prójimo.

Segundo debemos perdonar aquellas personas que nos hayan ofendido, aquellas que nos hayan lastimado, etc. Tenemos que perdonar toda ofensa que nos hayan hecho por más insignificante que parezca ante nosotros.

Tercero la Biblia dice en **Mateo 5:23-24** que si traes tu ofrenda al altar y allí te acuerdas que alguien tiene algo contra ti, dice que dejes tu ofrenda y que vayas y te reconcilies con aquella persona. Algo muy importante aquí, La Escritura no dice que si tú tienes algo contra alguien, la Escritura dice que si te recuerdas que alguien tiene algo contra ti, es cuando debes de ir y arreglar cuentas pendientes con esa persona para que Dios acepte tu ofrenda. (Una ofrenda puede ser tu oración con Dios, la ofrenda no siempre significa dinero).

Pidiendo perdón a Dios y perdonando al prójimo es la manera que comenzamos nuestra oración o comunión con Dios todas las mañanas.

También usted puede leer algunos textos que existen en la Biblia para que le ayuden en su devocional de oración.

Salmos 32:5
Mi pecado te declaré, y no encubrí mi iniquidad. Dije: confesaré mis transgresiones a Jehová; y Tú perdonaste la maldad de mi pecado.

Salmos 139:23 - 24
Examíname, oh Dios, y conoce mi corazón; pruébame y conoce mis pensamientos; y ve si hay en mí camino de perversidad, y guíame en el camino eterno.

Salmos 51:10
Crea en mí, oh Dios, un corazón limpio, y renueva un espíritu recto dentro de mí.

Salmos 19:12
Quién podrá entender sus propios errores? Líbrame de de los que me son ocultos.

Isaías 26:3
Tú guardarás en completa paz a aquel cuyo pensamiento en ti persevera; porque en ti ha confiado.

Salmos 121:1 - 2
Alzaré mis ojos a los montes; de dónde vendrá mi socorro? Mi socorro viene de Jehová, que hizo los cielos y la tierra.

Cómo Interceder por Tu Vida

EJEMPLO DE UNA ORACIÓN

Padre celestial, en este momento yo me acerco a Ti pidiendo misericordia para mi vida, te pido que me perdones por todos los pecados que yo he cometido, perdóname por gritarle a mi familia, perdóname por maltratar a mi compañero de trabajo, perdóname por no ayudar aquellos que me han pedido una ayuda en la calle; perdóname por todos aquellos pecados que yo he cometido, de los que soy consiente y también perdóname de los pecados que estoy inconsciente, te lo pido en el nombre de Tu Hijo Jesucristo.

Perdóname por todos los malos pensamientos que han venido a mi mente y en algún momento los he dejado en mi mente sin hacer nada al respecto, cuando me has dado la autoridad para ordenarles que se vayan de mi vida, ayúdame a no hacer lo malo que viene a mi mente que me ha querido desviar de Tu camino por favor te lo pido, en el nombre de Jesús.

Padre celestial, te quiero confesar que necesito de Tu ayuda para enfrentar todas las cosas en este día, necesito de Tu sabiduría en todo lo que yo vaya a hacer respecto a mi familia y el ministerio; no sé lo que vaya a pasar, por eso quiero depender de Ti.

Ayúdame con mi trabajo, con mi familia y con mi prójimo; quiero ser un buen testimonio en todo lugar que yo camine en este día, en el nombre de Jesús!

Padre celestial quita todo egoísmo de mi persona, todo aquello que me está en mí y que me ha engañado para que me preocupe solo por mi persona, yo no quiero nada de lo que me estado deteniendo de Tus planes, cosas que yo no veo y que necesitan ser removidas de mi vida, perdóname y ayúdame a salir de todo egoísmo, para poder ayudar a los demás en el nombre de Jesús!

En este momento yo oro a favor de mi familia, por mis hermanos y mis padres, que los perdones de todo lo malo que ellos hayan hecho, los bendigo para que ellos sean bendecidos en donde quiera que estén; te lo ruego en el nombre de tu hijo Jesús.

Esto es solo un ejemplo de como usted puede orar cada mañana en su tiempo devocional, hay muchas cosas más que puede hablar con Dios; no se preocupe si al principio no siente que las palabras le salen de sus labios cada vez que usted se acerca a Dios.

Quiero decirle que Dios está en todo lugar y ÉL estará allí donde usted se ponga a orar o hablar con ÉL; sólo abra su corazón y exprésele sus pensamientos, exprese sus sentimientos, sus emociones, etc. de todas maneras Dios ya las sabe, y ÉL está esperando que nosotros le compartamos lo que hay dentro de nuestros corazones con el propósito de pasar tiempo con Dios.

Ahora veamos la razón cuando Dios no responde a nuestras oraciones.

Por si usted no sabía, hay ocasiones cuando Dios no responde a nuestras oraciones, y en seguida vamos a ver el por qué Dios no responde a aquellas oraciones de algunas personas en su vida diaria; no importa que oren muchas horas, muchos días, éstas son algunas de las razones porque Dios no responde a las oraciones.

Cómo Interceder por Tu Vida

CUÁNDO DIOS NO CONTESTA NUESTRAS ORACIONES

1. Cuando oramos por los motivos erróneos.

Santiago 4:3 Pedís, y no recibís, porque pedís mal, para gastar en vuestros deleites.

Cuando estamos pidiendo cosas que son sólo para nuestro apetito carnal o cosas que no están en el tiempo de Dios para nuestras vidas; por esa razón no son escuchadas esas oraciones. Hay veces que oramos egoístamente solo por cosas insignificantes, que no haga frío porque no me gusta el frío, que no llueva porque no me gusta la lluvia, etc. Esas oraciones son egoístas. Todo lleva un proceso en el Reino de Dios y debemos primeramente aprender a presentar toda oración para nuestras vidas espirituales y para nuestras familias.

2. Cuando oramos sin perdonar a otros.
Marcos 11:26 Porque si vosotros no perdonáis, tampoco vuestro Padre que está en los cielos os perdonará vuestras ofensas.
Muchas personas son muy fácil de guardar rencor contra otras, por cosas tan simples, sencillas, por pequeñeces; etc. Por ejemplo hay personas que se ofenden porque no las invitaron a una fiesta de algún amigo y no perdonan a esa persona. Viven ofendidos. No importa la ofensa chica o grande es un mandamiento que debemos de perdonar aquellos que nos han ofendido, aquellos que nos han maltratado, aquellos que nos rechazaron o humillaron. El no perdonar a alguien más, es estar atados nosotros a esa persona. Cuando alguien perdona es un bien para esa persona. Queda libre del rencor. Libre de toda cadena o lazo del diablo.

3. Cuando dudamos al pedir.
Santiago 1:6 Pero pida con FE, no dudando nada; porque el que duda es semejante a la onda del mar, que es arrastrada por el viento y echada de una parte a otra.
Cuando pedimos en oración es muy importante el no dudar que Dios puede responder a nuestras

oraciones, que Dios nos puede dar las cosas que estamos pidiendo, claro siempre y cuando sean la voluntad de ÉL; Cuando dudamos, la Biblia es muy clara y dice que no vamos a recibir nada, porque estamos dudando. La Escritura dice que hay que pedir con Fe; pero Qué es Fe? La fe es la seguridad y convicción de lo que se espera, aunque usted no lo vea, ni lo sienta en su vida. Recuerde que estamos orando con Dios y el Dios que oramos es un Dios Sobrenatural, Dios Todopoderoso, nada es imposible para nuestro Dios.

4. Cuando maltratamos a nuestro cónyuge.
1 Pedro 3:7 Maridos, igualmente, vivan con sus esposas sabiamente, dando honor a la mujer como a vaso más frágil, y como coherederas de la gracia de la vida, para que vuestras oraciones no tengan estorbo.
Esto es para aquellos que estamos casados. Se nos recuerda que si maltratamos a nuestro cónyuge nuestras oraciones no serán escuchadas por causa del maltrato a nuestra pareja. Se nos manda en la Escritura que no seamos ásperos con nuestro cónyuge, sino amando y cuidando lo que nosotros escogimos para vivir el resto de nuestra vida;

recuerde que en el matrimonio no se aceptan devoluciones, a quien usted aceptó en aquel altar, esa es su pareja para el resto de su vida.

En resumen de esto es:

Para que Dios responda a nuestras oraciones hay que perdonar a los demás, hay que traer las oraciones con los motivos correctos, hay que orar sin tener ninguna duda en nuestra mente; también a los que estamos casados tenemos que cuidar y no ser ásperos con nuestro cónyuge; cualquier cuenta pendiente hay que arreglarla pronto para que nuestras oraciones no sean estorbadas y también para no dar lugar al diablo como dice en Efesios 4:27

Después de que hallamos confesado los pecados y pedido perdón a Dios y haber perdonado a nuestro prójimo, entonces oramos por nuestras vidas, para seguir caminando con Dios todos los días, oramos para no caer en tentación, oramos por nuestros ministerios, oramos por nuestra salud, oramos por nuestro trabajo, oramos por nuevas fuerzas, oramos por la renovación de nuestra mentalidad en el nombre de Jesús, etc.

Después que haya tenido su tiempo de oración, puede comenzar a interceder por su vida y por la vida de su familia. La intercesión es el próximo nivel en la oración en la vida del cristiano.

Quiero decirle que no todos los cristianos son enseñados a interceder por sus vidas, por eso le pido que usted se comprometa a interceder por su vida; esto es para el beneficio de usted y de su familia.

Espero que me haya podido explicar de la mejor manera en todo lo referente a la oración, para que usted reciba todo lo que quise decir a través de este libro.

Cómo Interceder por Tu Vida

LA IMPORTANCIA DE LA INTERCESIÓN

¿Por qué es muy importante la intercesión?

1. Porque hay un enemigo que intenta todos los días de desviarnos del propósito eterno de Dios. (1Pedro 5:8).
- Si ese enemigo anda como león buscando a quien devorar, tenemos que cubrirnos para no ser dañados por ningún ataque del infierno.
2. Porque Dios quiere formar un intercesor en cada uno de nosotros. (Ezequiel 22:30).
3. Así como Jesucristo no se dejó engañar, no se dejó intimidar durante su vida aquí en la tierra; sino que fue un guerrero en la intercesión y por esa razón el maligno no pudo hacer nada con Él.

La intercesión es como la guerra espiritual en la vida del creyente, el interceder es levantarse para poner protección en nuestra vida y nuestra familia.

Génesis 22:17
De cierto te bendeciré, y multiplicaré tu descendencia como las estrellas del cielo y como la arena que está a la orilla del mar; y tu descendencia poseerá las puertas de "sus enemigos".

¿Por qué Dios le comentó a Abraham que sus descendientes tendrían enemigos?

Porque todos los que pertenecemos al Reino de Dios, nos hacemos enemigos automáticamente del reino de las tinieblas. Desde antes que nacieran sus descendientes de Abraham, Dios le había comentado que tendrían enemigos, y si tendrían enemigos eso significa que serían atacados por esos enemigos y ellos tendrían que defenderse y atacar a sus enemigos. No siempre tendrían que esperar para ser atacados, sino que también deberían de atacar a sus enemigos; no dejarse intimidar por sus enemigos.

Éxodo 13:18
Mas hizo Dios que el pueblo rodease por el camino del desierto del Mar rojo. Y subieron los hijos de Israel de Egipto "armados".

¿Por qué Dios les permite salir armados de Egipto?

Dios le permitió a Su pueblo salir armados, para que ellos cambiaran su manera de pensar y aceptaran que serían unos guerreros valientes.

También porque Dios los quería formar como hombres de guerra a través de su jornada en el desierto, para que ellos tuvieran en mente que en algún momento de sus vidas tendrían que usar esas armas que llevaban con ellos.

Josué 1:14
Vuestras mujeres, vuestros niños y vuestros ganados quedarán en la tierra que Moisés os ha dado a este lado del Jordán; más vosotros, todos los valientes y fuertes, pasaréis armados delante de vuestros hermanos y les ayudaréis.

¿Por qué Dios les permite entrar armados a la tierra prometida, si Dios les había prometido la tierra de Canaán?

Dios quería que Su pueblo peleara y conquistara lo que Dios le había prometido, no porque Dios no podía dárselo; sino porque Dios quería formar un guerrero en cada uno de ellos, así también Dios nos quiere formar a cada uno de nosotros en este tiempo. Hemos visto como Dios permite que Su pueblo lleve armas para que las use, no para que las tenga guardadas.

Jueces 3:1 - 2
Éstas, pues, son las naciones que dejó Jehová para probar con ellas a Israel, a todos aquellos que no habían conocido todas las guerras de Canaán.
Solamente para que el linaje de los hijos de Israel conociese la guerra, para que la enseñasen a los que no la habían conocido.

Dios permite que lleguen cosas a nuestra vida para que nosotros como Su pueblo conozcamos la guerra, no para llorar, no para espantarnos; sino para aprender a pelear, para la guerra que se nos presenta cada día. Después de aprender nosotros, el poder enseñar a los demás que no conocen la intercesión; esa es otra razón por la que es muy importante la intercesión en nuestras vidas como hijos de Dios.

Lucas 4:2, 8
Jesús fue tentado por el diablo por cuarenta días. Respondiendo Jesús, le dijo: "Vete de mí, Satanás".

¿Por qué Dios permite que aun Su Hijo Jesucristo fuera tentado por el diablo?

Porque Dios sabía que Su Hijo Jesucristo no iba a caer en ninguna tentación del infierno. También porque Jesús es nuestro ejemplo, si Él pudo echar fuera al diablo de su vida, de su entorno, de su territorio; también nosotros podemos hacer lo mismo. Es nuestra responsabilidad el echar fuera de nuestro territorio al diablo en el nombre de Jesús!

Efesios 6:18
Orando en todo tiempo con toda oración y súplica en el Espíritu, y velando en ello con toda perseverancia y súplica por todos los santos.

¿Por qué la Biblia habla de mucha oración o intercesión en nuestras vidas?

Porque Dios quiere formarnos como guerreros en la intercesión y quiere que seamos fuertes en toda oposición que el infierno quiera levantar en nuestra contra; Dios quiere que estemos preparados en todo tiempo y velando para el beneficio de nuestra vida; y de allí poder ayudar a los que están cautivos a voluntad del diablo.

Ahora que usted ha aprendido la importancia de la intercesión en nuestra vida, usted se prepare para no ser desanimado en todos los ataques del infierno.

Espero que a través de lo que ha leído en este manual, a usted le haya nacido el deseo de interceder por su vida y por la de su familia así como lo hacía Job; y usted podrá estar en pie en cada problema, en cada dificultad que enfrente durante su vida en esta tierra.

Dios nunca ha querido que Sus hijos vivan esclavizados en ninguna área en sus vidas, pero ya no está en Dios, sino en nosotros como Sus hijos si estamos viviendo en cautiverio; Jesucristo nos ha libertado venciendo a las tinieblas en la cruz.

La responsabilidad está en cada cristiano después de su conversión, tiene la tarea de levantarse e interceder por su vida, por su familia y por todas sus pertenencias. No vivir engañado en ninguna área de su vida.

Ahora veamos como interceder por su vida, por favor le pido que no se distraiga al leer este manual, sino que usted entre en la guerra en contra de los espíritus que lo quieran interrumpir, aquellos que lo quieran desviar, espíritus que lo quieran desconectar de la intercesión.

Cómo Interceder por Tu Vida

COMO INTERCEDER POR MI VIDA

Muy importante:
Este estudio es sólo una guía para que usted aprenda a interceder por su vida y su familia. Después de que usted haga ésta intercesión por algún tiempo; usted tendrá una idea de como interceder por su vida y la de su familia y así podrá hacer su intercesión diariamente sin tener que leer este libro.

¿Por qué interceder todos los días?

El enemigo no duerme, no descansa, está alerta para ver cuando nos puede atacar y derribar. **(1 Pedro 5:8).** Recuerde lo que dijo Jesús en **Juan 10:10** El ladrón no viene sino para hurtar y matar y destruir... en otras palabras el enemigo no tiene compasión de nuestras vidas, por esa razón hay que orar e interceder todos los días y no desanimarnos en la intercesión; no importa que no veamos resultados pronto, nuestra responsabilidad es interceder por nuestra vida y por la vida de nuestra familia.

Job 1:5
Job se levantaba de mañana y ofrecía holocaustos conforme al número de sus hijos y los santificaba; porque decía:
"Quizá habrán pecado mis hijos, y habrán blasfemado contra Dios en sus corazones". <u>De esta manera hacía todos los días.</u>

Job no sabía si sus hijos habían pecado o no; pero lo que si hacía este hombre, era que oraba e intercedía por sus hijos todos los días; no dejaba su vida ni la vida de sus hijos sin cobertura, no los dejaba sin protección, no los dejaba sin la intercesión de Papá. Es mejor interceder por nuestra familia todos los días, no dejar un lugar al enemigo para que nos ataque.

El interceder por su vida y por su familia es el poner una protección o una cobertura para no ser dañado por los ataques del maligno.

Lucas 18:1
También les refirió Jesús una parábola sobre la necesidad de orar siempre, y NO desmayar.

La clave para el éxito en cualquier cosa que se quiera conquistar es el perseverar y no desmayar. No importa que usted no vea resultados al siguiente día o la siguiente semana; la Escritura nos manda a no desanimarnos. Hay que perseverar en la oración y la intercesión en el nombre de Jesús hasta ver un rompimiento en el área por la que estamos intercediendo.

Hay que confesar los pecados que hayamos cometido en nuestra vida y así estar bien delante de Dios, y no le daremos oportunidad al enemigo para que nos acuse. (Apocalipsis 12:10).

CONFESIÓN ANTES DE LA INTERCESIÓN

1 Juan 1:8 - 9
Si decimos que no tenemos pecado, nos engañamos a nosotros mismos, y la verdad no está en nosotros.

Si confesamos nuestros pecados Él es fiel y justo para perdonar nuestros pecados, y limpiarnos de toda maldad.

Primero intercede por usted

En este momento, yo me arrepiento por toda desobediencia a Tu Palabra que yo haya cometido y te pido perdón, por todo pecado que yo he cometido en mi vida en el nombre de Jesús. Te pido perdón por todo mal pensamiento que haya dejado entrar en mi mente en el nombre de Jesús. Ayúdame a No volver a pecar.

Segundo intercede por su familia

Así como Job oraba todos los días por su familia, en este momento, yo me levanto en el nombre de Jesús a interceder por mi familia.
Yo me pongo en la brecha y pido perdón por todo pecado que mi cónyuge haya cometido en contra de Dios, en el nombre de Jesús.

Yo me pongo en la brecha y pido perdón por todo pecado que mis hijos hayan cometido en contra de Dios, en el nombre de Jesús.

Padre Celestial, perdona el pecado de mi familia y acepta mi oración a favor de ellos en el nombre de Jesús.

Después de esto hay que proteger nuestras vidas, nuestra familia y nuestras pertenencias con la Sangre de Cristo.

Cómo Interceder por Tu Vida

PROTECCIÓN ANTES DE LA INTERCESIÓN

Éxodo 12:22 - 23

Y tomad un manojo de hisopo, y mojadlo en la sangre que estará en un lebrillo, y untad el dintel y los dos postes con la sangre que estará en el lebrillo; y ninguno de vosotros salga de las puertas de su casa hasta la mañana.
Porque Jehová pasará hiriendo a los egipcios; y cuando vea la sangre en el dintel y en los dos postes, pasará Jehová aquella puerta, y no dejará entrar al heridor en vuestras casas para herir.

Así como Moisés les pidió a los israelitas poner la sangre en los postes y dinteles de las puertas de sus casas para protegerlos de la muerte, ellos hicieron de esa manera y fueron protegidos del ángel de la muerte y ninguno de los israelitas murió por su obediencia.

Hubo un poder en la sangre del cordero de los israelitas que pusieron esa sangre en los dinteles y los postes de sus casas y no sufrieron daño alguno en ninguna de las familias.

Nosotros NO usamos ajos, NO usamos herraduras de caballo, NO usamos pata de conejo, porque esas cosas sabemos que NO tienen el poder sobrenatural, como lo tiene la Sangre de Jesucristo que murió por mis pecados y con esa Sangre yo la puedo usar para protección de mi vida y de mi familia.

En este momento yo creo que si la sangre de los corderos que usaron los israelitas en Egipto, pudieron proteger de la muerte sus familias en la tierra de Egipto de acuerdo a la Palabra de Dios, así también yo creo que la Sangre del Cordero de Dios puede protegerme de la muerte, de la enfermedad, de todo ataque del infierno.

Y con esa confianza, en este momento yo clamo por la Sangre de Jesús que justifica, la Sangre de Jesús que perdona, la Sangre de Jesús que redime, la Sangre de Jesús que protege.

Yo aplico la Poderosa Sangre de Jesucristo sobre mi vida, aplico la Sangre de Jesús sobre mi cónyuge, aplico la sangre de Jesús sobre mis hijos, aplico la Sangre de Jesús sobre mi familia, aplico la Sangre de Jesús sobre mi salud, aplico la Sangre de Jesús sobre mis finanzas, aplico la Sangre de Jesús sobre mi casa, aplico la Sangre de Jesús sobre mi negocio, aplico la Sangre de Jesús sobre todas mis pertenencias, aplico la Sangre de Jesús sobre mi ministerio, y aplico la Sangre de Jesús sobre mi congregación que está en esta ciudad para gobernar sobre el Reino de las tinieblas; todo esto lo declaro en el poderoso Nombre de Jesús.

Veamos lo que dice la Escritura en Apocalipsis acerca de la Sangre de Cristo.

Apocalipsis 12:11
Y ellos le han vencido por medio de la Sangre del Cordero y de la palabra del testimonio de ellos...

Padre Nuestro que estás en los cielos, Santificado sea Tu Nombre; venga Tu Reino, hágase Tu voluntad en mi vida en este día, y en la de mi familia así como se hace en los cielos, en este momento yo establezco el Reino de los cielos en este lugar donde estoy parado, activo a los ángeles guerreros que están para protegerme en el nombre de Jesús.

Declaro que esa poderosa Sangre de Jesús está activada en mi vida y en la vida de mi familia y de todas mis pertenencias.

QUÉ ESPÍRITU ATACAR ANTES DE INTERCEDER

Primero atamos al espíritu de revancha, ese espíritu opera tratando de vengarse, cuando hacemos algo en contra del reino de las tinieblas, mientras no hacemos nada, no hay ataque en contra nuestra.

¿Por qué atar este espíritu de revancha?

La Escritura nos revela como el profeta Elías había limpiado la atmósfera en Israel, matando a los falsos profetas de Baal; el infierno se enojó y se levantó en contra del profeta queriéndole quitar la vida.

Cada vez que alguien se levanta para detener, para paralizar, o para arruinar los planes del reino de las tinieblas, el infierno se levanta para contra atacar a aquellos que le hacen daño a su reino.

- **Espíritu de revancha del infierno:**
1 Reyes 19:2
Entonces envió Jezabel a Elías un mensajero, diciendo: Así me hagan los dioses, y aun me añadan, si mañana a estas horas yo no he puesto tu persona como la de uno de ellos.

- En este momento yo me pongo en la brecha para atar y paralizar el espíritu de revancha que se quiera levantar en contra de mi vida, familia, casa, propiedad, territorio, finanzas, en el nombre de Jesús.
- En este momento yo ataco y cancelo al espíritu de revancha que se quiera levantar en contra de mi congregación, mi trabajo, mi negocio, en el nombre de Jesús.

Lucas 4:8 Respondiendo Jesús le dijo, al diablo: Vete de mí, Satanás, porque escrito está: Al Señor tú Dios adorarás, y a ÉL solo servirás.

Jesús le dijo a Satanás vete de mí! Fuera! Largo! Hay que ordenarle al enemigo que se vaya de nuestro territorio, de nuestra casa, de nuestro hogar, de nuestro trabajo, de nuestro entorno, de donde nosotros estemos viviendo o estemos visitando; nosotros tenemos la autoridad para ordenarle al enemigo que se aleje de nuestro lugar en el nombre de Jesús.

LO QUE DIOS HA DECLARADO PARA MI VIDA EL DÍA DE HOY:

Jeremías 1:10
Mira que Te he puesto en este día sobre naciones y sobre reinos, para arrancar y para destruir, para arruinar y para derribar, para edificar y para plantar.

Lo que Dios ha declarado para mi vida yo lo creo y lo recibo y me apropio en el nombre de Jesús; si Dios me ha puesto sobre naciones y reinos gracias a Jesucristo que venció a los principados y potestades en la cruz; así lo creo y desde hoy en adelante así me veo sobre el reino de las tinieblas; y me veo como un vencedor en el nombre de Jesús! Dios me ha puesto sobre reinos en este día y los reinos donde yo tengo la autoridad es sobre el reino de las tinieblas en el nombre de Jesús.

Lucas 9:1
Habiendo reunido a sus doce discípulos, les dio poder y autoridad sobre todos los demonios; y para sanar enfermedades.

Yo tengo el poder y la autoridad que Cristo me otorgó y los uso para beneficio de mi vida, de mi familia y del Reino de Dios. Jesús nos ha dado ese poder y esa autoridad que necesitamos aquí en la tierra para pelear contra esos espíritus del infierno.

Antes de entrar a la intercesión por nuestra vida o la de nuestra familia es importante que hagamos una auto-liberación de nuestra propia vida para poder atacar el reino de las tinieblas.

PASOS PARA UNA AUTO LIBERACIÓN

Quiero explicarle que no todos los cristianos creen en la auto liberación y no es mi punto el discutir eso, lo que Dios me ha encargado es compartir lo que Él me ha revelado a través de la Escritura.

¿Qué dice la Escritura de la auto liberación?

Efesios 4:22 En cuanto a la pasada manera de vivir, despojaos del viejo hombre, que está viciado conforme a los deseos engañosos,

El apóstol Pablo dejó escrito que somos nosotros los que quitamos esas cosas de nuestra vida, no es el pastor, no es el evangelista; soy yo el que tiene que despojarse del viejo hombre de las cosas que no me ayudan en mi relación con Dios, son los malos hábitos que he tenido en el pasado.

Efesios 4:25 Por lo cual, desechando la mentira, hablad verdad cdad uno con su prójimo; porque somos miembros los unos de los otros.

Sigue diciendo la Escritura que somos nosotros los que tenemos la responsabilidad de desechar la mentira, no es Dios; soy yo el que tengo que parar de mentir en mi vida cotidiana.

Efesios 4:31 Quítense de vosotros toda amargura, enojo, ira, gritería y maledicencia, y toda malicia.

Somos nosotros los que decidimos quitarnos esas cosas de nuestra persona o dejarlas que sigan dañando nuestra vida y nuestras amistades; yo te invito para que comiences el día de hoy para quitarte cualquier cosa que has estado cargando contigo en tu vida.

Salmos 18:37 Perseguí a mis enemigos, y los alcancé, y no volví hasta acabarlos.

Soy yo el que tengo que perseguir a mis enemigos que me han querido ver derribado o que me quieren arruinar mi vida. Yo tengo la responsabilidad de hacer mi liberación para beneficio de mi vida y de los que me rodean.

Salmos 18:42 Y los molí como polvo delante del viento; los eché fuera como lodo de las calles.

Vemos como David fue el que persiguió a sus enemigos y los venció hasta acabarlos; de la misma manera Dios me mostró que somos nosotros los que hacemos una auto liberación en nuestra vida para que no haya cosas en nosotros con el propósito de no dañar nuestra vida como a otras personas.

Le quiero comentar esto: Si de esta manera está escrito en la Biblia, eso quiere decir que podemos hacerlo; no diga que no se puede porque Dios lo dejó para nuestra enseñanza.

Los siguientes pasos son para hacer una limpieza espiritual en nuestra vida, son para arrancarlos de nuestra vida, es para hacer una auto-liberación en nuestra persona; hay que arrancarlos y no dejar que vuelvan a llegar, por eso la intercesión debe ser constante de todos los días, para que no se acerquen esos espíritus a nuestra persona.

Le recomiendo que en la auto-liberación se haga con la voz audible, que pronuncie las palabras en voz alta, para que pueda escuchar su propia voz.

¿De dónde sacamos estas palabras que vamos a declarar en un momento?

Están en Jeremías 1:10
Yo te he puesto en este día para:
- **Arrancar**
- **Arruinar**
- **Derribar**
- **Destruir**

PASOS PARA UNA AUTO LIBERACIÓN

1. Buscar un lugar y un día donde pueda pasar tiempo en oración con Jesús. (Preferible retiro, montaña, casa, lugar solo).
2. Recomendable ayunar para percibir lo que Dios le muestre en oración.
3. Orar a Dios pidiendo revelación para su vida.
4. El tiempo de retirarse es opcional, pero puede ser de 4 hrs. 8 hrs. 1 día. 2 días o más.
5. Hacer una lista de todas las cosas que Dios le muestre en oración.
6. Comenzar a orar, atar, cancelar, y reprender espíritus malignos.
7. Ordenarles que se vayan de su vida hablándoles por su nombre a los espíritus en el NOMBRE DE JESÚS.
8. Declarar libertad en su vida.
9. Al final hay que pedir la llenura del Espíritu Santo en su vida.

De aquí en adelante vamos a hacer una auto liberación, muchos cristianos no creen que tengan áreas en sus vidas que están siendo afectadas por espíritus malos; vamos a ver algunos de los espíritus que suelen estar en los creyentes aun sin ellos darse cuenta:

¿De donde tomamos la palabra arrancar?

Jeremías 1:10 Mira que te he puesto en este día... **para arrancar**...

¿Por qué hay que arrancar?

Todo lo que no se arranca de la raíz vuelve a crecer, vuelve a salir, vuelve a brotar; por causa de la raíz que no ha sido arrancada o removida de su lugar.
Por esa razón hay que arrancar para que no vuelva a salir en nuestra vida.
Es muy importante que siga las instrucciones para que experimente la bendición en su vida.

Por favor lea las siguientes oraciones en **"voz alta"**, como si usted le estuviera hablando enojado a esos espíritus malos.

EN LA AUTO LIBERACIÓN HAY QUE "ARRANCAR"

1. **ARRANCAR EL ESPÍRITU DE LETARGO - ADORMECIMIENTO - ESTUPOR.**

Romanos 11:8 Dios les dio un <u>espíritu de estupor</u>, ojos con que no vean y oídos con que no oigan, hasta el día de hoy.

- En este momento yo me arrepiento por todo pecado que haya cometido en contra de Ti Padre Celestial y te pido perdón en el nombre de Tu Hijo Jesús.
- Yo arranco desde la raíz al espíritu de letargo que haya en mi vida, que no me ha dejado ver las cosas espirituales que Dios me ha querido mostrar en el nombre de Jesús se va.
- Arranco al espíritu de adormecimiento que esté dentro de mi vida que NO me ha dejado escuchar la voz de Dios en esta temporada.

- Arranco el espíritu de estupor que se haya metido en mi vida y me ha tenido desenfocado de las cosas de Dios, en este momento yo le ordeno que me suelte, le ordeno que se vaya de mi, se va fuera de mi vida ahora mismo y me declaro completamente libre y no vuelve más en el nombre de Jesús.
- Todo adormecimiento espiritual lo arranco y no vuelve a salir en mi vida espiritual en el nombre de Jesús.

2. ARRANCAR EL ESPÍRITU DE DUDA.

Santiago 1:6 Pero pida con fe, <u>NO dudando nada</u>; porque el que duda es semejante a la onda del mar, que es arrastrada por el viento y echada de una parte a otra.

- En este momento, yo arranco todo espíritu de duda que haya en mi vida en el nombre de Jesús.
- Yo remuevo de mi vida todo aquello que me está deteniendo en creer en las cosas de Dios.
- Arranco desde la raíz toda duda del infierno, no tiene parte en mi vida; no te acepto dentro de mi ser, te vas de mi vida ahora mismo en el nombre de Jesús.

- Creo en el Dios Todopoderoso que puede hacer cualquier cosa a mi favor, no me dejaré llevar por las circunstancias negativas que estoy viviendo en este momento, ni tampoco por las cosas malas que me rodean, sino por el poder Sobrenatural de Dios que tiene para ayudarme, en cualquier momento de crisis o necesidad.
- Yo no uso la razón para creer, no uso mis sentidos para creer, yo uso la fe que Dios me dio para creer y para caminar adelante en fe, en todas las cosas de esta vida en el nombre glorioso de Jesús.

3. ARRANCAR TODO MAL CONCEPTO DE MI PERSONA - BAJA-AUTOESTIMA.

Jeremías 1:7 Me dijo Jehová: <u>No digas: Soy un niño;</u> porque a todo lo que te envíe irás tú, y dirás todo lo que te mande.

- En este momento yo arranco todo bajo concepto de mi persona, arranco toda baja autoestima que me hayan sembrado desde niño, aquellas cosas que me decían que yo no servía para nada, aquello que me marcó negativamente cuando me dijeron que era un tonto.

- Arranco toda baja autoestima que me ha controlado por todo el tiempo que lo ha hecho, corto toda raíz de baja-autoestima que esté dentro de mi ser, se va ahora y no vuelve más en el nombre de Jesús.
- De hoy en adelante no bajaré la cabeza ante ninguna persona que esté a mi alrededor, no bajaré la cabeza ante ningún demonio que me quiera intimidar; porque tengo la identidad como hijo de Dios y la autoridad de Cristo que me dio para gobernar.
- En este momento yo creo que no soy menos que ninguna otra persona que esté a mi alrededor, no importando que ellos tengan mejor vestimenta, no importando que ellos me rechacen o me vean como una persona de menor valor.
- En este momento yo declaro, que no viviré de lo que otros piensen de mi persona, yo no tengo el valor de lo que otros piensen de mi, yo creo todo lo que Dios dice en Su Palabra acerca de mi, y creo que yo tengo un valor tan grande que Dios envió a Su Hijo a morir por mi, para salvación de mi vida, en el nombre de Jesús.
- Yo declaro que soy único, soy especial para Dios; porque ÉL me formó, me amó, y me hizo para Su propósito eterno.

- En este momento declaro que tengo un valor incalculable delante de Dios, y declaro que "TODO" lo puedo en Cristo que me fortalece todos los días.

4. ARRANCAR TODO ALTO CONCEPTO DE MI PERSONA = TODO ORGULLO.

Romanos 12:3 A cada cual que está entre ustedes, que <u>NO tenga más alto concepto</u> de sí que el que debe tener, sino que piense con cordura...

- En este momento yo arranco todo alto concepto de mi persona, arranco todo aquello que me ha hecho creer que soy mejor que los demás, arranco el orgullo que haya dentro de mi ser y le ordeno que se vaya de mi vida ahora en el nombre de Jesús!!!
- Arranco todo orgullo del infierno de mi vida, ese espíritu de orgullo que me viene a dejar mensajes al pensamiento que soy mejor que los demás que están a mi alrededor, le ordeno que se vaya de mi vida en el nombre de Jesús.
- De hoy en adelante rechazaré todo mal pensamiento que me quiera engañar que soy mejor que los demás, no me dejaré cautivar, sino

que lo rechazaré en el nombre poderoso de Jesús.

- Arranco todo orgullo que brota en mí, cuando alguien me corrige por algún error que cometo y no lo reconozco, por causa del orgullo que ha estado en mi, hoy se va de mi vida en el nombre de Jesús.

5. ARRANCAR TODA AUTO-COMPASIÓN.

Salmos 69:20 Estoy acongojado, y <u>esperé quien se compadeciese de mí</u>, y no lo hubo; y consoladores, y ninguno hallé.

- En este momento yo arranco toda auto compasión que haya dentro de mí, aun aquella de la cual ni yo mismo me he dado cuenta que está en mi, y se va fuera de mi vida ahora en el nombre de Jesús!
- En este momento yo suelto toda auto compasión que había cargado conmigo desde mucho tiempo atrás por cualquier razón y la echo fuera de mi vida en el nombre de Jesús.
- De hoy en adelante no me quedaré esperando que alguien venga a consolarme, ni tampoco buscaré que alguien se compadezca de mi vida, ni de lo que me esté pasando; porque me

levantaré y dependeré completamente de Dios y no de la gente, porque el día de hoy entiendo que el consuelo lo encuentro **"únicamente"** en el Espíritu Santo que es llamado el Consolador. (Juan 14:16)
- No me haré la víctima con mi familia o con mis amistades, para que me consuelen, porque hoy renuncio a toda auto compasión de mi vida en el nombre del Cordero de Dios.

6. ARRANCAR TODA RAÍZ DE AMARGURA.

Hebreos 12:15 "Mirad bien", no sea que alguno deje de alcanzar la gracia de Dios; que brotando alguna raíz de amargura os estorbe, y por ella muchos sean contaminados.
- En este momento yo arranco toda raíz de amargura que esté escondida dentro de mi ser.
- Arranco todo aquello que se haya formado por cualquier rechazo en mi vida en el pasado, por todo maltrato o cualquier abuso que me hayan hecho en el pasado.
- Yo arranco todo aquello que me ha estado lastimando o dañando en mi ser, en el nombre de Jesucristo se va de mi vida!

Cómo Interceder por Tu Vida

- Yo perdono a toda persona que me haya abusado, que se haya burlado de mí, que haya hecho cosas en mi vida que me marcaron negativamente, en este momento yo las perdono y las suelto, las libero y yo las bendigo en el nombre de Jesús.
- No me dejaré amargar por cosas que la gente me haga o trate de hacerme para dañarme, me pararé en la brecha y estaré intercediendo por mi vida todos los días para no vivir herido o amargado, cuando Dios me ha dado esta hermosa vida para disfrutar con mi familia como hijo de Dios.
- (Marcos 7:15) Nada hay fuera del hombre que pueda contaminar al hombre... En este texto Jesús está hablando de los alimentos que ingerimos diariamente; pero un día Dios me reveló que no sólo aplica para los alimentos sino también para nosotros en cualquier otra área de nuestra vida. Nada hay fuera de mi vida que me pueda hacer un daño, al menos que yo se lo permita, nada hay fuera de mi vida que me pueda contaminar al menos que yo me deje contaminar; en otras palabras está en mi persona, si yo dejo que las cosas exteriores o las personas alrededor de mi vida me contaminen,

me dañen, me lastimen, me amarguen la vida, etc.

- La amargura no viene de Dios por lo tanto yo renuncio a vivir amargado el resto de mi vida, no le daré el gusto a aquellos que me quieren ver amargado; no recibiré las malas palabras que vienen directamente para lastimarme, sino que cubriré mi corazón para no caer en la amargura y no ser dañado; lo declaro en el nombre de Jesús. (Proverbios 4:23).

7. ARRANCAR TODA CIZAÑA.

Mateo 13:25 Pero mientras dormían los hombres, vino su enemigo y <u>sembró cizaña</u> entre el trigo, y se fue.

- En este momento yo arranco toda cizaña del infierno que haya en mi vida en el nombre de Jesús.
- Arranco toda semilla de maldad que haya dentro de mi corazón, aun cuando no me doy cuenta y comparto palabras con otra persona dejando una cizaña en su corazón, dejando un veneno para dañar a esa persona; cuando comparto palabras negativas con alguien, cuando hablo mal de otra persona aun sin darme cuenta; yo renuncio y

arranco toda cizaña del infierno que haya en mi vida y se va de mi ahora en el nombre de Jesús!!
- De hoy en adelante meditaré antes de abrir mis labios y cuidaré que no salga palabra de maldad de mi vida, para no dejar cizaña en la vida de otras personas; estaré filtrando mi corazón, que no haya nada de maldad dentro de mí, para no dañar a mi prójimo y para no ser una piedra de tropiezo en su vida, yo declaro que desde hoy en adelante hay un cambio en mi vida, en el nombre de Jesús.
- (Salmos 139:23 - 24) Examíname, oh Dios, y conoce mi corazón; pruébame y conoce mis pensamientos; Y ve si hay en mí camino de perversidad, y guíame en el camino eterno.
- No quiero cargar con nada de maldad dentro de mi corazón para no contaminar o dañar a mi prójimo.
- Renuncio a ser una piedra de tropiezo para aquellos que estén a mi alrededor, yo no quiero ser el causante de que ellos sean contaminados y desviados de los propósitos de Dios.
- Si alguien me comparte una noticia, yo no seré la persona que ande divulgando las cosas que me confiaron, yo renuncio a ser la persona que

siembra la mala semilla en el corazón de los demás en el nombre de Jesús.

8. ARRANCAR EL ESPÍRITU DE COMPETENCIA.

Números 11:28-29 Señor mío Moisés, impídelos. ¿Tienes tú celos por mí? Ojalá todo el pueblo de Jehová fuese profeta, y que Jehová pusiera su Espíritu sobre ellos.

- En este momento yo me arrepiento de todo mal pensamiento que esté viniendo a mi mente, yo renuncio y arranco todo espíritu de competencia que haya dentro mí.
- Yo arranco toda raíz de envidia que esté muy debajo de la superficie de mi vida en el nombre de Jesús.
- Ahora arranco ese espíritu de celos que haya en mi vida, esa sensación que me molesta y no me gusta cuando mi hermano en la iglesia hace cosas que yo quisiera estar haciendo en su lugar.
- Hoy reconozco que no todos tenemos el mismo ministerio, no todos somos usados de la misma manera en el Reino de Dios.
- Por esa razón yo renuncio y arranco toda raíz de competencia y raíz de celos en contra de mi

hermano en mi congregación en el nombre de Jesús.

- Yo renuncio y arranco toda raíz de celos y de competencia en contra de mi compañero de trabajo, toda competencia que me ha controlado, se va hoy en el nombre de Jesucristo.

9. ARRANCAR EL ESPÍRITU DE LÁSTIMA.

1 Samuel 22:8 Para que todos vosotros hayáis conspirado contra mi, y no haya quien me descubra al oído cómo mi hijo ha hecho alianza con el hijo de Isaí, <u>ni alguno de vosotros que se duela de mí</u> y me descubra cómo mi hijo ha levantado a mi siervo contra mí para que me aceche, tal como lo hace hoy?

- En este momento me levanto para atacar y para arrancar al espíritu de lástima que haya en mi vida en el nombre de Jesús.

- Yo arranco ese espíritu sucio que me ha engañado en el pasado, haciéndome actuar de manera incorrecta ante mis amistades y familiares, dejando en sus vidas que me tengan lástima por las cosas que estoy pasando o experimentando.

- Arranco toda lástima del infierno que haya dentro de mi ser en el nombre de Jesús.
- No actuaré incorrectamente divulgando mis problemas personales o familiares, para no causar lástima en la vida de los que me rodean.
- Yo renuncio a ese espíritu de lástima que había cargado conmigo y se va de mi vida ahora en el nombre glorioso de Jesús.

10. ARRANCAR EL ESPÍRITU DE CODICIA

Josué 7:21 Pues vi entre los despojos un manto babilónico muy bueno, y doscientos siclos de plata, y un lingote de oro de peso de cincuenta siclos, <u>lo cual codicié</u> y tomé; y he aquí que está escondido bajo tierra en medio de mi tienda, y el dinero debajo de ello.

- En este momento yo renuncio a toda codicia que haya en mi vida y la arranco de mi ser, todo aquello que me quiera desviar del propósito eterno de Dios.
- Yo rechazo y arranco toda codicia a las cosas materiales y la remuevo de mi vida, le ordeno que se vaya de mí, se va y no vuelve más y declaro un espíritu de transparencia en mi vida,

para no ser engañado por las riquezas de este mundo. (Mateo 13:22).
- Hoy entiendo que no debo de codiciar ninguna cosa y ninguna persona para no ser engañado por el infierno y declaro la libertad de Cristo en mi vida en el nombre de Jesús.
- No me dejaré cautivar por ningún espíritu de engaño de codicia o de ambición del infierno en el nombre de Jesús.

11. ARRANCAR EL DOBLE ÁNIMO - LA INESTABILIDAD - LA INSEGURIDAD - LA INCONSTANCIA.

Santiago 1:8 El hombre de doble ánimo es inconstante en todos sus caminos.
- En este momento yo arranco todo doble ánimo que haya en mi vida, cuando me siento bien y después me siento mal por las cosas externas a mi alrededor.
- Arranco toda inestabilidad que haya en mí, arranco toda inestabilidad de mi carácter, inestabilidad en mi trabajo.
- Arranco toda inseguridad de mi vida, cuando pienso mucho acerca de las cosas y al final no me decido que es lo que voy a hacer.

- Arranco toda inconstancia de mi vida, cuando dejo las cosas sin terminar, cuando no he sido constante en lo que me he comprometido a hacer; ahora se va en el nombre de Jesús!!!
- Hoy declaro que en todo lo que yo me comprometa lo terminaré, perseveraré adelante hasta llegar al final de todo compromiso en el nombre de Jesús.
- No seré una persona más en la lista de las personas que deja las cosas a medias, no seré de mal testimonio para las personas a mi alrededor, sino que seré un ejemplo de bien para mi familia, para mis amistades, para mis compañeros de trabajo y mis hermanos en mi congregación en el nombre de Jesús.

12. ARRANCAR ESPÍRITU DE TEMOR Y DE COBARDÍA.

Deuteronomio 20:8 NVI Si alguno de ustedes es <u>miedoso o cobarde</u>, que vuelva a su casa, no sea que desanime también a sus hermanos.

- Todo temor y cobardía que haya en mi persona hoy la arranco de mi vida, arranco todo aquello que haya en mi vida que viene a raíz del temor.

- Arranco todo aquello que no me ha dejado avanzar en mis estudios, en mi trabajo secular o aun en el ministerio en el nombre de Jesús.
- Arranco todo aquello que me ha estado paralizando y no me ha dejado ser completamente libre, yo no lo acepto conmigo y le ordeno que se vaya de mí, en el nombre de Jesús.
- No le tengo miedo al futuro, ni tampoco a la oscuridad, no le tengo miedo a ningún demonio, no tengo miedo a perder mi trabajo, no le tengo miedo a la muerte, no le tengo miedo a lo que estoy viviendo en el presente; porque hoy me apropio lo que dice la Escritura que Dios no me ha dado un espíritu de cobardía, sino de poder, de amor y de dominio propio. (2Timoteo 1:7).

13. ARRANCAR TODA DUREZA DE CORAZÓN.

Hechos 7:51 Tercos, <u>duros de corazón</u> y torpes de oídos! Ustedes son iguales que sus antepasados: Siempre resisten al Espíritu Santo!

- En este momento yo arranco toda dureza de corazón que haya en mi persona, todo aquello que se haya hecho insensible a las cosas del Reino de Dios ya sea por alguien que me dañó en

el pasado o por cosas que viví que me hicieron insensible y le ordeno que suelte mi vida ahora en el nombre de Jesús!
- Arranco toda dureza de mi corazón que me ha oprimido para no recibir el mensaje de Dios y te vas ahora mismo en el nombre de Jesús!
- En este momento yo arranco toda dureza de corazón que se formó a causa de algún cristiano que me dañó en el pasado y ahora me ha privado de alabar y adorar al Dios Todopoderoso como ÉL se lo merece.
- Arranco toda dureza de mi corazón, arranco toda insensibilidad a las necesidades de las demás personas a mi alrededor, se va de mi vida en el nombre de Jesús!
- De hoy en adelante yo declaro que estaré sensible a todas las cosas del Reino de Dios y también a las necesidades de las personas a mi alrededor para poder ser de bendición para ellas.

14. ARRANCAR ESPÍRITU DE IDOLATRÍA & BRUJERÍA.

1 Samuel 15:22-23 Ciertamente el obedecer es mejor que los sacrificios, y el prestar atención que la grosura de los carneros.

Porque como pecado de <u>adivinación</u> es la <u>rebelión</u>, y como ídolos e idolatría la obstinación = NECEDAD.

- En este momento yo arranco toda desobediencia que haya dentro de mi vida, arranco toda rebelión, arranco toda brujería, arranco toda adivinación, arranco todo aquello que está en mí que se ha opuesto a la autoridad, ya sea directa de Dios o a la autoridad de alguno de mis líderes en mi congregación o en mi trabajo secular, en el nombre de Jesús se va y declaro la obediencia del Dios Eterno en mi vida.
- Yo Arranco toda obstinación e idolatría de mi vida, arranco toda necedad que haya en mí, toda necedad que ni yo mismo me he dado cuenta que está allí dentro, aquella que está escondida dentro de mi ser, ahora mismo se va en el nombre de Jesús!
- Desato la obediencia del Dios eterno en mi vida y caminaré en obediencia a todas las cosas que Dios me indique por medio de mis líderes en la congregación o en mi trabajo secular en el nombre de Jesús.

15. ARRANCAR EL ESPÍRITU MEZQUINO - TACAÑÉZ.

Génesis 4:3 Caín trajo del fruto de la tierra una ofrenda a Jehová. Pero Dios no miró con agrado a Caín y a la ofrenda suya.

- (Este espíritu opera en la vida de las personas que no les gusta ofrendar en la casa de Dios o compartir con alguna persona en necesidad)
- En este momento yo arranco toda tacañéz que haya en mi vida, arranco el espíritu mezquino, arranco el espíritu de miseria que esté en mi vida y se va ahora mismo en el nombre de Jesús.
- Arranco ese espíritu del infierno que me ha estado gobernando por mucho tiempo para que yo no ofrende en mi congregación, para que no diezme, para que yo no comparta lo que Dios me ha dado con otros o con la iglesia y le ordeno que no vuelva más a mi vida. Este espíritu se va de mi vida ahora mismo en el nombre de Jesús!
- Hoy reconozco que todo lo que tengo es porque lo he recibido de la Mano de Dios, y gracias a Él tengo lo que tengo y no he pasado la necesidad que otros están pasando por el momento; por lo tanto de hoy en adelante no retendré mi ofrenda, ni mis diezmos, porque quiero ser obediente a la Palabra de Dios.

16. ARRANCAR EL ESPÍRITU DE IDOLATRÍA

Hechos 17:29 Siendo, pues, linaje de Dios, <u>no debemos pensar que la Divinidad sea semejante a oro, o plata, o piedra, escultura de arte y de imaginación de hombres.</u>

- Yo arranco toda maldición de idolatría que mis antepasados hayan sembrado en mi vida en el nombre de Jesús.
- Renuncio a toda idolatría que haya practicado en mi pasado y cierro toda puerta al infierno en el nombre de Jesús.
- Arranco la idolatría de mi mente que haya adorado en el pasado, arranco toda imagen de Dios que yo mismo haya formado en mi mente durante mi vida cristiana en el nombre de Jesús.
- Nunca más me haré una imagen de Dios en mi mente para no ser desviado del Dios eterno.

17. ARRANCAR EL ESPÍRITU DE EGOÍSMO

Filipenses 3:19 NVI
Su destino es la destrucción, <u>adoran al dios de sus propios deseos</u> y se enorgullecen de lo que es su vergüenza. Solo piensan en lo terrenal.

- Arranco todo espíritu de egoísmo que me ha controlado en el pasado haciéndome creer que yo tengo que ser primero en todo.
- Arranco el espíritu del infierno que ha estado en mis deseos carnales y lo remuevo desde la raíz y no vuelve más a mi vida en el nombre de Jesús.

Hasta aquí termina la auto-liberación o la intercesión por nuestra vida, todavía hay más espíritus por los cuales debemos de arrancar y renunciar de nuestra vida, dependiendo las áreas donde batallamos en nuestro carácter diariamente. (ejemplo: mentira, robo, fornicación, lujuria, rencor, odio, pornografía, alcoholismo, drogadicción, etc.).

Cómo Interceder por Tu Vida

EJEMPLO DE UNA INTERCESIÓN

(La intercesión es muy importante y es necesario que se haga con voz audible, en alta voz; por favor lea este ejemplo de la intercesión en voz alta en algún lugar que usted se sienta cómodo/a).

No creemos que sea la única manera que se haga la intercesión, solo damos los pasos que nosotros como iglesia hacemos en nuestra intercesión; puede haber otras maneras de como se hacen y también puede haber otros pasos de hacerla dependiendo de la revelación que Dios da a sus siervos, pastores, maestros, apóstoles, profetas, etc.

A continuación vamos a ver los pasos que usamos en la intercesión en el Ministerio Internacional Transformando Vidas:

Primero hay que establecer el Reino de Dios en el lugar que vamos a hacer la Intercesión como lo dejó escrito Jesús. (Mateo 6:10)

Segundo hay que cubrirnos con la Sangre de Jesús nuestra vida, nuestra familia y todas nuestras pertenencias. (Hebreos 9:13-14).

Tercero hay que atar y paralizar al espíritu de revancha para no ser atacados por las tinieblas en nuestra vida y en ninguna de nuestras posesiones. (1Reyes 19:2).

Cuarto hay que activar a los ángeles guerreros que están disponibles para nuestra vida y nuestra familia. (Hebreos 1:14).

Quinto hay que entrar en la intercesión atacando, atando, reprendiendo y echando fuera el reino de las tinieblas usando el nombre de Jesús. (Marcos 16:17).

EJEMPLO DE LA INTERCESIÓN:

Padre nuestro que estás en los cielos santificado sea Tú Nombre, venga Tu Reino a este lugar en este momento, donde hoy me levanto a interceder por mi vida, por la de mi familia y por todas mis pertenencias en el nombre de Jesús.

Yo establezco el Reino de los cielos aquí en este lugar donde hoy me levanto a interceder por mi vida, por mi familia, y por todas mis pertenencias en el nombre de Jesús!

Padre celestial santificado sea Tu Nombre, glorificado sea Tu santo Nombre, exaltado sea Tu Nombre, reverenciado sea Tu Nombre, hermoso es Tu Nombre y Todopoderoso; porque es un Nombre que está sobre todo nombre y tiene poder sobre todo lo que está creado en los cielos y debajo de los cielos.

En este momento yo clamo por la Sangre del Cordero de Dios que dio Su vida por mi vida y por la de todo el mundo, clamo por la Sangre del Cordero de Dios que justifica, clamo por la Sangre del Cordero que redime, clamo por la Sangre del Cordero que protege, y cubro con esa preciosa y poderosa Sangre de Jesús mi persona, cubro a mi familia, cubro todas mis pertenencias y cubro mi territorio con esa Poderosa Sangre del Cordero de Dios.

En este momento yo me pongo en la brecha a favor de mi vida y la de mi familia, ato y paralizo a todo espíritu de revancha que se quiera levantar en contra de mi vida, en contra de mi familia y en contra de mis pertenencias y declaro que queda atado y paralizado ese espíritu de revancha en el nombre poderoso de Jesucristo.

Desde este momento yo activo a los ángeles del Reino de los cielos que han sido asignados a favor de mi vida, activo querubines, activo serafines que están a mi favor y a favor de mi familia; para que me protejan de todo ataque del infierno en el nombre de Jesús.

Yo levanto un vallado de ángeles de guerra para defenderme en cualquier área de mi vida que yo no cubra, y declaro que estoy protegido por esos seres angelicales en todo momento y todo lugar que yo me mueva el día de hoy en el nombre de Jesús.

Levanto un vallado de ángeles de guerra para defender a mi familia y declaro una protección sobre cada uno de ellos en todo lugar que se muevan el día de hoy en el nombre de Jesús.

Yo me levanto en la brecha por mi familia y vengo en contra del espíritu de rebelión que está en la vida de mi hermano y le ordeno que suelte su mente, que suelte su vida, le ordeno que suelte su cuerpo ahora en el poderoso nombre de Jesús.

Vengo en contra del reino de las tinieblas y le estoy ordenando ahora que retroceda de mi familia, retrocede de mi casa, retrocede de mi territorio, te vas ahora en el nombre de Jesús.

Le ordeno a todos los espíritus inmundos que han estado afectando mi casa, mi familia y mis finanzas se van ahora en el nombre de Jesús.

Reprendo todo espíritu de oposición que se haya levantado en contra de mi familia y le ordeno que se vaya de este lugar en el nombre de Jesús. Ato y derribo todo espíritu de resistencia en contra de mi salud, sanidad, bendición, finanzas, familia, negocio, en el nombre de Jesús.

Yo declaro un rompimiento en la atmósfera espiritual y cielos abiertos para mi vida y para mi familia en este momento; declaro cielos abiertos para mi ministerio y todo lo que Dios planeó para mi vida el día de hoy y para mi familia eso se llevará acabo el día de hoy, no mañana, es a hoy en el nombre de Jesús.

Me levanto en la brecha por los pobres, especialmente por aquellos que no han comido por varios días, y por aquellos que no tienen una casa donde vivir, y ruego al Padre de todos los espíritus para que los cubra de todo peligro y de toda muerte, declarando una protección sobre todos ellos en el nombre de Jesús.

Me levanto en la brecha por todas las madres solteras, intercediendo por cada una de ellas para que Dios supla las necesidades que están pasando por este momento en el nombre de Jesús.

Me levanto en la brecha por las necesidades de todas las mujeres viudas, aquellas que están sufriendo por la falta de su esposo, ruego para que Dios mueva los corazones de aquellos que Él ha bendecido financieramente y puedan bendecir a las viudas y cada una de ellas reciban sus necesidades suplidas en el nombre de Jesús.

Me levanto en la brecha por todos los siervos de Dios que están al frente de una congregación y están predicando el evangelio del Reino de Dios, los cubro con la Sangre del Cordero de Dios y declaro un rompimiento para una expansión del Reino en el territorio donde Dios los puso en el nombre de Jesús.

Recuerde que éste es sólo un ejemplo de como se puede hacer una intercesión.
Hasta aquí termina el ejemplo de la intercesión para su vida, en seguida vamos a ver más cosas que se hacen en la intercesión de acuerdo a como la Escritura nos dice.

Cómo Interceder por Tu Vida

LA INTERCESIÓN

Jesucristo es nuestro intercesor todos los días para beneficio de nuestra vida, Él intercede al Padre Celestial como el mediador entre Dios y los hombres, no solo para salvación, sino también para protección, bendición, fortaleza, provisión, etc.

Romanos 8:34
¿Quién es el que condenará? Cristo es el que murió; más aun, el que también resucitó, el que además está a la diestra de Dios, el que también intercede por nosotros.

Si nuestro Salvador Jesucristo intercede todos los días por nuestra vida, eso significa que es un ejemplo para cada uno de nosotros aquí en la tierra; así también podemos interceder por nosotros y por nuestros familiares todos los días para beneficio nuestro.

Jesús en cierto sentido es nuestro abogado, Él intercede por nuestra vida, Él se para en la brecha por nuestras necesidades.

Todo lo siguiente es la intercesión, como ya vimos anteriormente la intercesión es pararse en la brecha a favor de alguien o de algo; y el propósito en este caso es atacar el reino de las tinieblas en intercesión, hay que remover demonios de lugares estratégicos, cancelar sus planes, cortar cualquier lazo que nos quiera detener con sus artimañas y atar todo aquello que está en el ámbito espiritual en el nombre de Jesús.

No tenga miedo de hacer esta intercesión porque Jesús ya nos dio la autoridad (Mateo 16:19) y Mayor es el que está dentro de nosotros que aquel que está en el mundo (1 Juan 4:4) y Jesús nos declaró que nos ha dado la victoria por medio de Su resurrección. (Apocalipsis 1:18).

Nunca se le olvide lo que está escrito:

Jeremías 1:10
Mira que te he puesto en este día sobre naciones y sobre reinos,
para arrancar y para destruir, para arruinar y para derribar...

EN LA INTERCESIÓN HAY QUE ARRUINAR:

1. ARRUINO LAS ARTIMAÑAS DE SATANÁS.

2 Corintios 2:11 Para que <u>Satanás</u> no gane ventaja alguna sobre nosotros; pues no ignoramos <u>sus</u> <u>artimañas.</u>

- En este momento yo arruino todas las artimañas de Satanás que quiera usar en este día en contra de mi vida o en contra de mi familia en el nombre de Jesús y no podrá contra nosotros que estamos cubiertos con la Sangre Poderosa del Cordero de Dios.

- Arruino toda artimaña del infierno que quiera usar para engañarme, para atacarme, para debilitarme, para desviarme o hacer algo en contra mía, yo arruino todas sus artimañas sucias en el nombre de Jesús.

- Arruino toda artimaña del infierno que quiera usar para atacar mi ministerio, para atacar mi congregación o para atacar mi pastor y en este momento yo declaro que quedan arruinadas todas sus artimañas de ese infierno en el nombre de Jesús.

2. ARRUINO TODO ESTORBO DE SATANÁS

1 Tesalonisenses 2:18 Quisimos ir a vosotros pero <u>Satanás nos estorbó.</u>

- En este momento yo arruino todo estorbo de Satanás que está pensando usar y está pensando poner en mi camino en este día para estorbarme en mi vida y lo declaro arruinado en el nombre de Cristo Jesús.
- Arruino todo estorbo del diablo que quiera poner en mi familia, yo lo declaro sin función en contra de mi vida y en contra de mi familia en el nombre de Jesús!!!
- Arruino todo estorbo de Satanás que haya puesto en mi ministerio, que haya puesto en mi congregación y declaro que queda arruinado en el nombre de Jesús.
- Hoy entiendo que si Satanás le estorbó al apóstol Pablo en aquellos días, también querrá estorbarme en este tiempo en las cosas que estoy decidido a hacer a favor del Reino de Dios, pero no podrá detenerme ni estorbarme en este día porque estoy removiendo todo estorbo del infierno en este momento en el nombre de Jesús.

3. ARRUINO TODO DISFRAZ DE SATANÁS
2 Corintios 11:14 Y no es maravilla, porque el mismo Satanás se disfraza como ángel de luz.

- En este momento yo arruino todo disfraz de Satanás que está planeando usar hoy en contra de mi vida, que está planeando usar en contra de mi familia y en contra de mi ministerio en el nombre de Jesús.
- Arruino todo disfraz del infierno y queda al descubierto y queda arruinado por el poder de mi Señor Jesucristo.
- Arruino todo disfraz de Satanás que se haya metido en mi congregación para causar daños entre nosotros, declaro que queda arruinado y sale a la luz todo disfraz del infierno para que lo reprendamos en el nombre del Cordero.
- Declaro que todo disfraz de Satanás quedará expuesto a la luz el día de hoy, saldrá y se manifestará para que yo lo reprenda con la autoridad que Cristo me dio; cuando pensó engañarme quedará reprendido y echado fuera de mi territorio en el nombre de Jesucristo.

4. ARRUINO TODA ASTUCIA DE LA SERPIENTE

2 Corintios 11:3 Pero temo que como <u>la Serpiente con su astucia engañó</u> a Eva, vuestros sentidos sean de alguna manera extraviados de la sinceridad a Cristo.

- En este momento arruino toda astucia de la Serpiente que quiera usar en contra de mi vida, para dañarme o dañar mi familia y la declaro sin poder en contra de mi vida y sin poder en contra de mi familia en el nombre de Jesús.
- Arruino toda astucia de la Serpiente que quiera usar el día de hoy para engañarme o engañar a mi familia para cautivarlos para sus propósitos sucios, yo los arruino y quedan arruinados en este momento en el nombre de Jesús!
- Arruino toda astucia de la Serpiente que quiera usar en contra de mi congregación, para atacar, para dañar, para dividir o cualquier plan de maldad que trate de hacer, declaro que queda arruinada la astucia del infierno en el nombre glorioso de Jesús.
- No me dejaré engañar como Eva, sino que estaré alerta para no caer en la astucia de la Serpiente, y reprenderé toda astucia del infierno cuando

salga a la luz, estoy cubierto por el Reino de Dios y por los ángeles de guerra del Dios eterno.

5. ARRUINO LAS ASECHANZAS DEL DIABLO
Efesios 6:11 Vestíos de toda la armadura de Dios, para que podáis estar firmes contra las asechanzas del diablo.
- El día de hoy yo me visto con toda la armadura de Dios y no dejo que nada del infierno me dañe en el nombre de Jesús.
- Arruino todas las asechanzas del diablo que quiera usar el día de hoy en contra de mi vida y en contra de mi familia en el nombre de Jesús.
- Yo arruino todas esas asechanzas del infierno yo las declaro sin poder en contra de nosotros porque estamos cubiertos con la Sangre Poderosa del Cordero.
- Ninguna asechanza del diablo podrá tocarme en este día porque la he declarado arruinada desde este momento de intercesión en el nombre de Jesús.
- Ninguna asechanza del infierno podrá alcanzar a mi familia porque la he declarado derribada toda asechanza del infierno en el nombre de poderoso de Jesús.

- Arruino todas las asechanzas del infierno en contra de mi ministerio y en contra de mi congregación en el nombre de Jesús.

6. ARRUINO TODA DIFAMACIÓN DEL INFIERNO

Tito 3:2 Que <u>a nadie difamen</u>, que no sean pendencieros, sino amables mostrando toda mansedumbre para con todos los hombres.

- En este momento yo arruino en el nombre de Jesús toda difamación del infierno que haya puesto en la mente de aquellos que le han abierto una puerta al diablo para ser usados y atacar a los hijos de Dios.
- Arruino toda difamación que se haya levantado para dañar mi vida, arruino esa difamación que se levantó para dañar mi imagen en el nombre de Jesús.
- Arruino toda difamación que quiere dañar a mi familia y declaro que no tiene función, no tienen poder en contra de mi vida, ni en contra de mi familia en el nombre de Jesús.
- Yo Arruino y paralizo toda difamación del infierno que se quiera levantar en contra de mi

ministerio o en contra de mi congregación en el nombre de Jesús.
- Ninguna arma forjada prosperará en contra de mi vida, no prosperará en contra de mi familia; y condeno toda lengua que se levante en contra de mi vida y en contra de mi familia, en contra de mi congregación en el nombre de Jesús!

EN LA INTERCESIÓN HAY QUE DERRIBAR:

1. DERRIBO LOS ARGUMENTOS

2 Corintios 10:5 Derribando argumentos que se levantan contra el conocimiento de Dios...

- Yo derribo todos los argumentos que se levanten el día de hoy contra la Palabra de Dios y contra el conocimiento de Dios y derribo todo aquello que no cree en el Reino de los cielos en el nombre de Jesús!
- Yo derribo todo paradigma del infierno que está formado en la mente de aquellas personas que le han abierto una puerta al maligno, para rechazar las cosas del Reino de Dios en el nombre de Jesucristo.

- Yo declaro derribado todo paradigma y declaro que reciben el mensaje del evangelio de Jesús para salvación de sus vidas en el nombre poderoso de Jesucristo.
- Derribo toda fortaleza que se ha formado en la mente de aquellas personas que le han abierto una puerta al diablo para atacar a los hijos de Dios, en el nombre de Jesús.

2. DERRIBO TODA ALTIVEZ, ORGULLO

2 Corintios 10:5 Derribando toda altivez que se levanta contra el conocimiento de Dios...

- Yo derribo toda altivez, derribo todo orgullo, derribo todos los malos pensamientos que el maligno ha puesto en la mente de aquellas personas, creyendo que no necesitan de Dios.
- Derribo todas las cosas que se levantan contra el Reino de los cielos y quedan derribadas en este momento en el nombre de Jesús.
- Derribo toda dureza de corazón de la mente de aquellos que buscan razonar la Palabra de Dios cuando se les predica en el nombre de Jesús.
- Yo derribo todo ateísmo en el nombre de Jesús y le ordeno al infierno que suelte esas mentes ahora mismo en el nombre de Jesús! Para cuando

se predique la Palabra de Dios fluya en la vida de todos los oyentes y reciban el Evangelio de salvación para gloria de Dios Padre!
- Declaro mentes abiertas y corazones abiertos para escuchar y creer el evangelio de Jesús para salvación de sus vidas.

3. DERRIBO TODA TRAMPA DEL DIABLO

1 Timoteo 3:7 También es necesario que tenga buen testimonio de los de afuera, para que no caiga en descrédito y <u>en la trampa del diablo</u>.
- Yo derribo toda trampa del diablo que quiera poner en contra de mi vida aunque se vea muy pequeña para hacerme caer en sus garras y declaro que no tienen poder y están arruinadas en este momento en contra de mi vida en el nombre de Jesús!
- Yo derribo cualquier trampa del diablo que quiera usar en contra de mi familia, en contra de mi congregación, mi trabajo o mi negocio en el nombre de Jesús.
- Derribo toda trampa del diablo que quiera poner en mi camino el día de hoy y declaro que no prospera en el nombre de Jesús.

- Derribo toda falta de perdón y rencor que haya entre mi familia en el nombre de Jesús.
- Derribo toda trampa del infierno que quiera poner dentro de mi congregación para que seamos estancados y para que no avancemos; y hoy declaro derribada toda trampa del diablo en el nombre poderoso de Jesús.

4. DERRIBO LOS PRINCIPADOS DEL INFIERNO
Efesios 6:12 Porque nuestra lucha NO es contra la gente, no es contra mi cónyuge, no es contra mi familia; sino <u>contra principados</u> que han sido asignados para atacar nuestra vida, familia, salud, finanzas, ministerio y territorio.

- Yo me paro en la brecha para derribar a los principados del infierno que hayan sido asignados para atacar mi vida y para atacar a mi familia en el nombre de Jesús.
- Yo derribo a los principados del infierno que están usando a cualquier persona para atacarme en esta temporada en el nombre de Jesús.
- Derribo a los principados del infierno que han estado desde muchas generaciones pasadas haciendo daño en mi territorio donde se

encuentra mi congregación en el nombre de Jesús.
- Los declaro sin poder y sin autoridad y los paralizo en contra de mi vida y en contra de mi familia en el nombre de Jesús!!!!
- Derribo a los principados que han sido asignados para atacar mi congregación en este tiempo y los declaro derribados por el poder de Jesús.

5. DERRIBO LAS FORTALEZAS ESPIRITUALES
Efesios 6:12 Porque nuestra lucha NO es con la gente sino <u>contra las fortalezas espirituales</u> que se han formado y han agarrado fuerza en su nido o su territorio.

- Yo derribo toda fortaleza espiritual que se haya formado en mi territorio para atacar mi vida, para atacar mi familia o cualquier propiedad mía; hoy declaro esas fortalezas derribadas y sin poder hacia mi vida y mi familia en el nombre de Jesús!
- Derribo toda fortaleza espiritual de estancamiento que haya en mi congregación en el nombre de Jesús.

- Derribo toda fortaleza de adormecimiento que haya en los miembros de mi congregación en el nombre de Jesús.
- Derribo toda fortaleza de religiosidad que haya en mi congregación y declaro que queda derribada por el nombre poderoso de Jesús.
- Derribo toda fortaleza que se haya levantado dentro de mi congregación para no dejar avanzar al cuerpo de Cristo, las derribo en el nombre de Jesús.
- Yo derribo toda fortaleza espiritual de chisme que se haya formado en mi familia, que se haya formado en mi congregación, en mi trabajo y rompo con toda cadena de crítica, rompo con toda cadena de chisme que se haya levantado, esto lo declaro en el nombre de Jesús.

6. DERRIBO TODOS LOS DARDOS DE FUEGO

Efesios 6:16 Toma el escudo de la Fe, con que puedas apagar <u>TODOS los dardos de fuego del maligno.</u>

- Yo tomo el escudo de la FE y así apago y derribo todos los dardos de fuego del maligno que haya enviado en contra de mi vida el día de hoy en el nombre de Jesús!

- Hoy declaro que estoy listo durante todo este día, para apagar todos los dardos de fuego del maligno que quiera enviar en contra de mi vida en el nombre de Jesús.
- Hoy declaro que no importa que no esté viendo las cosas a mi favor, no importa la cantidad de dardos que reciba, porque con el escudo de mi fe apagaré y derribaré todo lo que me quiera derribar y mi fe me mantendrá de pie, porque seguirá puesta en Cristo La Roca inconmovible.
- No me dejaré engañar o cautivar por ninguno de los dardos del maligno sino que los derribaré en el nombre de Jesús.

7. DERRIBO TODA ENVIDIA

Eclesiastés 4:4 NVI Vi ademas que tanto el afán como el éxito en la vida despiertan envidias. El éxito en alguien despierta envidia en otros.

- Yo derribo toda envidia del infierno que se levante el día de hoy en contra de mi vida, en contra de mi familia, en contra de mi ministerio en el nombre de Jesús.
- Yo derribo toda envidia que se levante en contra de mi congregación, en contra de mi trabajo, en

contra de mi negocio y lo declaro sin poder en el nombre de Jesús.
- Ahora entiendo que cuando la envidia se levanta para atacarme es porque estoy prosperando en mi vida personal, en mi vida espiritual, en mi vida ministerial, o en mi vida financiera gracias al Dios Eterno que sirvo y quiere que yo prospere en esta tierra, todos los días de mi vida. **(3 Juan 1:2)**
- Por lo tanto hoy declaro que ninguna envidia del infierno me quitará el sueño, por más grande que parezca, porque dormiré tranquilo como lo dice la Escritura: "En paz me acostaré, y asimismo dormiré; porque solo Tú, Jehová, me haces vivir confiado. **(Salmos 4:8)**

8. **DERRIBO TODA SINAGOGA DE SATANÁS**
Apocalipsis 2:9 Algunos se dicen ser judíos y no lo son, sino <u>sinagoga de Satanás.</u>
- Yo derribo toda sinagoga de Satanás que se usa para su adoración en mi ciudad de _____ en el nombre de Jesús.
- Derribo todo lugar que se usa para la adoración de esos demonios en mi ciudad de _____ en el nombre de Jesús ahora!!!

9. DERRIBO EL TRONO DE SATANÁS

Apocalipsis 2:13 Donde moras, donde está <u>el</u> trono de Satanás...

● Yo derribo el trono de Satanás que hayan levantado para su adoración en mi ciudad de _____ en el nombre de Jesús.

● Yo derribo todos los planes del infierno y declaro que sus planes quedan trastornados, paralizados y deshechos en el nombre de Jesús!!!

10. DERRIBO ESPÍRITU DE PESADEZ

Isaías 61:3 New King James Version
Para consolar aquellos que están en dolor en Zión, para darles hermosura en lugar de cenizas, darles aceite de gozo en lugar de tristeza, <u>darles el manto de alabanza en lugar del espíritu de pesadez</u>; para que sean llamados árboles de justicia...

● Yo derribo el espíritu de pesadez que esté en mi vida, ese espíritu que se ha ensanchado y no me ha dejado leer la Palabra de Dios, no me ha dejado orar, y me ha puesto un cansancio en mi vida; en el nombre de Jesús de Nazaret, yo le ordeno que se va de mí ahora mismo, le cierro la puerta y declaro que queda derribado!

- Yo derribo ese espíritu de pesadez que está en la vida de mi familia, que no han querido orar, no han querido leer la Biblia, no han querido ir a las reuniones de la iglesia, queda derribado ese espíritu sucio en el nombre de Jesús.
- Yo derribo todo espíritu de pesadez y de cansancio que haya en mi vida y de hoy en adelante, no me dejo engañar; porque la Escritura dice que tengo que ir a Jesús, no quedarme en casa cuando me siento cansado en el nombre de Jesús. (Mateo 11:28).
- Declaro mi vida y la de mi familia libre de toda pesadez, de todo cansancio del infierno en el nombre de Jesús.

EN LA INTERCESIÓN HAY QUE DESTRUIR:

1. DESTRUYO LOS PLANES DEL DIABLO

Juan 10:10 El ladrón no viene sino para <u>hurtar, y matar y destruir.</u>

- Yo vengo en el nombre de Jesús y DESTRUYO las artimañas del diablo, destruyo los planes, destruyo las intenciones, destruyo las estrategias, destruyo las mentiras, destruyo los disfraces del maligno ahora mismo en el nombre de Jesús!
- En este momento yo destruyo todos los planes del diablo que hizo para hurtar, matar y para destruir en este día.
- Yo declaro que quedan destruidos completamente antes de que hagan un efecto en contra de mi vida o en contra de mi familia en el nombre de Jesús.

2. DESTRUYO EL NIDO DE SATANÁS

Apocalipsis 2:13 Donde moras, donde está <u>el trono (nido) de Satanás</u>...

- Yo destruyo todo "**nido de perversión**" que Satanás que haya levantado en mi ciudad _____ en el nombre de Jesús.
- Derribo y destruyo todo "**nido de alcoholismo**" que Satanás haya levantado en mi ciudad _____ en el nombre de Jesús.
- Destruyo todo "**nido de drogadicción**" que Satanás haya levantado en mi ciudad _____ en el nombre de Jesús.
- Destruyo todo "**nido de prostitución**" que Satanás haya levantado en mi ciudad _____ en el nombre de Jesús!
- Destruyo todo "**nido de brujería y hechicería**" que Satanás haya levantado en mi ciudad _____ en el nombre de Jesús!!!
- Destruyo todo "**nido de la santa muerte**" que Satanás haya levantado en mi ciudad _____ en el nombre de Jesús!
- Destruyo todo "**nido de aborto**" que Satanás haya levantado en mi ciudad _____ en el nombre de Jesús!
- Destruyo **cualquier nido** que el reino de las tinieblas haya levantado en mi ciudad _____, y queda destruido ahora en el nombre de Jesús!!!

3. DESTRUYO EL LAZO DEL DIABLO

2 Timoteo 2:26 Y escapen del lazo del diablo, en que están cautivos a voluntad de él.

- Yo rompo y destruyo todo lazo del diablo que haya puesto para cautivar mi vida o cautivar la vida de mi familia, yo declaro sin poder todo lazo del maligno que quiera usar en contra de mi vida y en contra de mi familia en el nombre de Jesús.
- Destruyo toda atadura del infierno que haya puesto en mi vida para detenerme y no predicar la Palabra de Dios a aquellos que la necesitan en el nombre del Cordero de Dios.
- Destruyo toda atadura del reino de las tinieblas que me ha hecho creer que no puedo hacer el ministerio que Dios me encargó en el poderoso nombre de Jesús.
- Yo recibo las fuerzas del Dios Todopoderoso en mi vida y recibo también las fuerzas de búfalo sobre mí como dice la Escritura en Salmos 92:10.

4. DESTRUYO LAS FORTALEZAS MENTALES

2 Corintios 10:4 Porque las armas de nuestra batalla no son carnales, sino poderosas en Dios para la destrucción de fortalezas.

- Yo destruyo toda fortaleza mental que se levanta en contra de la Palabra de Dios en el nombre de Jesús.
- Yo destruyo toda fortaleza mental en la vida de las personas que le hayan abierto puertas para ser usadas y atacar mi vida, mi familia o mi congregación en el nombre de Jesús.

5. DESTRUYO LOS PLANES DEL TENTADOR

1 Tesalonisenses 3:5 No sea que os hubiese tentado el Tentador, y que nuestro trabajo resultase en vano.

- Yo destruyo todos los planes del tentador y las tentaciones que el diablo quiera usar el día de hoy en contra de mi vida en el nombre de Jesús.
- Yo destruyo todos los planes del Tentador en contra de mi familia, yo los declaro destruidos completamente en el nombre de Jesús!
- Yo destruyo todos los planes del diablo que tenga en contra de mi congregación y los declaro destruidos por el poder de mi Señor Jesucristo!

EN LA INTERCESIÓN HAY QUE REPRENDER ESPÍRITUS:

1. MENSAJEROS DE SATANÁS

1 Reyes 19:2 Entonces envió Jezabel a Elías un "mensajero," diciendo: Así me hagan los dioses, y aun me añadan, si mañana a estas horas yo no he puesto tu persona como la de uno de ellos.

- Yo reprendo a todos los mensajeros del infierno que quieran traerme mensajes de enfermedad a mi cuerpo, yo no los recibo en el nombre de Jesús.
- Reprendo a todos los mensajes de desánimo que quieren que tire la toalla en mi matrimonio, en mi ministerio, en mi escuela, en mi trabajo en el nombre de Jesús.
- Reprendo a los mensajes de suicidio que quieran venir a mi mente queriendo hacer que yo crea sus mentiras y me quite la vida, en el nombre de Jesús yo los reprendo ahora!
- Reprendo a los mensajes de muerte que quieran venir para asustarme que pronto me voy a morir; los declaro reprendidos y declaro que está prohibido morirme por causa de mi asignación

de Dios aquí en la tierra, hasta que termine Su obra que me encargó, en el nombre de Jesús.
- Yo no recibo ninguno de sus mensajes al contrario los reprendo ahora mismo en el nombre de Jesús.
- Estos mensajes pueden venir de su familia, del doctor, de un amigo etc. (Esté alerta en todo momento para aquellos mensajes que quieren entrar a su vida, cierre toda puerta; aprenda de Jesús cuando dijo: "Viene el príncipe de este mundo, y **él nada tiene en mí**". Juan 14:30).
- No reciba ningún mensaje del infierno, no se deje engañar, no se deje desanimar, no se deje caer, ni tampoco tire la toalla; sino levántese, sea ese guerrero del Reino de los cielos que se levanta y reprende todo mensaje del infierno en el nombre de Jesús.
- Todos recibimos mensajes en nuestra mente para desanimarnos todos los días, pero está en nosotros lo que decidimos hacer con ellos.

¿Qué es lo que hacemos con esos malos pensamientos que nos atacan todos los días?

Los dejamos que nos engañen y nos pongan a llorar o los derribamos reprendiéndolos para que se vayan y no vuelvan más en el poderoso nombre de Jesús, así como Él nos dejó un ejemplo: **Vete de mi Satanás!** (Lucas 4:8).

2. ESTANCAMIENTO

Génesis 11:31 Taré salió con su familia de Ur de los caldeos, para ir a la tierra de Canaán; y vinieron hasta Harán, y <u>se quedaron allí</u>. allí se murió.

- Yo reprendo todo estancamiento espiritual, reprendo todo estancamiento ministerial, reprendo y cancelo todo estancamiento financiero, reprendo y cancelo todo estancamiento en mi vida personal en el nombre de Jesús.
- Yo reprendo todo estancamiento en mi congregación, reprendo todo estancamiento en mi trabajo y reprendo todo estancamiento en mi negocio en el nombre de Jesús.
- No me dejaré estancar por ningún espíritu falso que me quiera engañar y me quiera tener en modo de estancamiento.
- Declaro que yo avanzo en mi vida espiritual y mi vida personal en el poderoso nombre de Jesús.

3. **ESPÍRITU DE DEMORA**

Lucas 18:8 Les digo que si les hará justicia, y sin demora. (Nueva Versión Internacional).

- Yo activo a los ángeles del Reino de los Cielos para que remuevan el espíritu de demora que está deteniendo mi bendición, mi milagro, mi sanidad, mi casa, mis finanzas, mis documentos de inmigración, etc. en el nombre de Jesús!!!
- Reprendo el espíritu de demora que me ha privado de recibir la bendición que Dios desató para mi vida en esta temporada en el nombre de Jesús.
- Reprendo todo espíritu de demora que ha estado deteniendo las promesas del Reino de los cielos para mi vida en el nombre de Jesús.
- Espíritu de demora suelta mis bendiciones, suelta las promesas de Dios para mi vida, ahora! en el nombre de Jesús.

4. **ESPÍRITU DE OPOSICIÓN**

Daniel 10:13 El príncipe de Persia se me opuso durante 21 días...

- Yo activo a los ángeles guerreros para que remuevan todo espíritu de oposición del infierno que se haya levantado en contra de mi vida, en

contra de mi familia, en contra de mi ministerio, en contra de mi congregación, en contra de mi trabajo, en contra de mi negocio, en el nombre de Jesús!!!
- Declaro que toda oposición del infierno es removida en este día por el poder de mi Señor Jesucristo.

5. ESPÍRITU DE CONFORMISMO
Isaías 39:8 Y dijo Ezequías a Isaías: La palabra de Jehová que has hablado es buena. Y añadió: <u>A lo menos, haya paz y seguridad en mis días.</u>
- <u>(El rey Ezequías se conformó que se llevarían a sus hijos fuera a otro país y no hizo nada al respecto).</u>
- En este momento yo renuncio y cancelo todo espíritu de conformismo que haya en mi vida en el nombre de Jesús.
- Renuncio a vivir en modo de conformismo en mi persona, en mi ministerio, en mi trabajo en el nombre de Cristo Jesús.
- Reprendo todo espíritu de conformismo que me quiera controlar o me quiera manipular para que me quede como estoy en el momento en el nombre de Jesús.

- Reprendo todo espíritu de conformismo que me quiera tener sin prosperar en esta tierra en cualquier área de mi vida, en el nombre de Jesús.

6. ESPÍRITU DE JEZABEL
Apocalipsis 2:20; 1 Reyes 19:2
Esa mujer Jezabel que se dice profetiza

Jezabel había controlado la vida de su esposo Acab el rey de Israel; cuando la descubrieron que sus profetas eran falsos, nunca reconoció ni tampoco se arrepintió; sino que se enojó y mandó matar al verdadero profeta de Dios.

- En este momento yo ato y reprendo al espíritu jezabélico que haya mi casa, reprendo el espíritu jezabélico que haya en mi congregación o en el área de mi trabajo en el nombre de Jesús!
- Yo ato y paralizo ese demonio jezabélico en todo lugar que yo me pare en el nombre de Jesús.

Los siguientes son algunos espíritus aliados que trabajan junto al espíritu Jezabélico, estos son solo los que Dios nos ha revelado, puede haber muchos más:

- **Falsa profecía** = Jezabel se hace pasar por profeta.
- **Espíritu de control** = Jezabel quiere estar en control o mantener el control de todas las cosas a su alrededor.
- **Espíritu de egoísmo** = Jezabel quiere que todas las cosas sean para beneficio de él únicamente.
- **Espíritu de manipulación** = Jezabel manipula personas y cosas para que se hagan las cosas siempre a su manera.
- **Espíritu de Orgullo** = Jezabel no reconoce sus propios errores aun cuando son descubiertos.
- **Espíritu de Necedad** = Jezabel se aferra a su manera y no está abierto para reconocer errores ni reconocer otras maneras de hacer las cosas.
- **Espíritu de Revancha** = Jezabel trata de desquitarse o vengarse cuando se ve atacado o descubierto.

En este momento yo ato a toda fortaleza Jezabélica que está dentro de mi congregación, reprendo

Cómo Interceder por Tu Vida

todo espíritu aliado a esa fortaleza diabólica, y le ordeno que salga de mi congregación, te vas ahora en el nombre de Jesús, no tienes parte ni suerte en el Reino de los cielos, y no vuelves más a mi congregación en el nombre poderoso de Jesucristo.

LAS LLAVES QUE CRISTO NOS DEJÓ PARA PROHIBIR

Mateo 16:19   Y a ti te daré las llaves del Reino de los cielos; y <u>TODO LO QUE ATARES EN LA TIERRA SERÁ ATADO EN LOS CIELOS</u>...

EN LA INTERCESIÓN HAY QUE ATAR:

1. En este momento yo ato todo lazo del diablo que haya pensado usar en contra de mi vida y en contra de mi familia y lo desactivo ahora en el nombre de Jesús. (2Timoteo 2:26).
2. Yo ato a los gobernadores de las tinieblas que están planeando maldad en contra de mi vida, en contra de mi familia y ministerio en el nombre de Jesús y los declaro sin función ahora! (Efesios 6:12).

.. Yo ato a los espíritus del infierno, que hayan sido enviados para estancar mi vida espiritual y los declaro inoperantes ahora en el nombre de Jesús. (Daniel 10:13).
4. Yo ato a las huestes espirituales de maldad en las regiones celestes, que me quieran intimidar y detener de los planes del Dios Eterno en el nombre de Jesús y los desactivo ahora mismo. (Efesios 6:12)
5. Yo ato al espíritu vigía que haya sido enviado para llevar información a las tinieblas.

- Yo le cierro sus oídos a ese demonio de vigía para que no escuche nada de lo que yo hable cuando hago planes para favor de mi vida, de mi familia o del Reino de Dios en el nombre de Jesús.
- Yo trastorno todos sus planes, su camino, su ruta del espíritu vigía en el nombre de Jesús. (Lucas 20:20).

CRISTO DEJÓ SU NOMBRE PARA SU IGLESIA:

Marcos 16:17 Y estas señales seguirán a los que creen: EN MI NOMBRE ECHARÁN FUERA DEMONIOS...

- En este momento Yo declaro el reino de las tinieblas sin operación, sin función, en contra de mi vida, cónyuge, hijos, familia, ministerio, congregación, finanzas en el nombre de Jesús.
- Yo Desactivo toda arma del infierno que haya puesto para dañar mi vida, mi cónyuge, mis hijos, familia, casa, vehículos, finanzas, etc. en el nombre de Jesús!
- Ninguna arma del diablo prosperará en contra de mi vida, mi cónyuge, mis hijos, mi familia, mi propiedad en el nombre de Jesús!
- Yo cancelo toda maldición que haya sido enviada en contra de mi vida, cónyuge, hijos, familia, ministerio, finanzas, congregación, etc. en el nombre de Jesús!
- Yo le ordeno al reino de las tinieblas que retrocedan de mi territorio, retrocedan de mis propiedades ahora en el nombre de Jesús!

CRISTO DEJÓ ÁNGELES PARA SU IGLESIA:

Hebreos 1:14 No son todos ESPÍRITUS ministradores enviados PARA SERVICIO A FAVOR de los que serán herederos de la salvación?

Como hijos de Dios estamos grandemente protegidos de parte de Dios hacia nuestras vidas, tenemos protección de ángeles, protección de seres angelicales, tenemos ayuda del Espíritu Santo, tenemos a un Dios Sobrenatural.
Aun el diablo sabe lo que Dios dejó escrito en la Palabra para beneficio de todos los creyentes.

Salmos 91:11 Pues a sus ángeles mandará acerca de ti...
Mateo 4:6 El diablo dijo a Jesús: Escrito está: A sus ángeles mandará para que tu pie no tropiece...

El diablo sabe que lo que está escrito por Dios en la Biblia hacia nuestras vidas, es porque Dios lo respaldará y lo llevará a cabo; Dios no dejará caer Su Palabra. Por esa razón nos miente, nos envía dardos, nos envía mensajes negativos para que no recibamos lo que Dios tiene en Sus planes para nuestra vida.

2 Reyes 6:16 El profeta Eliseo le dijo a su siervo: "No tengas miedo, porque más son los que están con nosotros que los que están con ellos".

El profeta Eliseo no se enfocaba en el problema que tenía encima, él sabía lo que estaba a su disposición de parte del Reino de los cielos, por esa razón él estaba tranquilo, conocía quien estaba a su favor, conocía quien estaba con él en medio de la tribulación.

Así nosotros cada vez que nos acercamos a Dios nos vamos dando cuenta de la atmósfera espiritual y conociendo lo que Dios tiene para favor de Sus hijos; los ángeles están para servicio de los cristianos.

Mateo 26:53 Jesucristo dijo esto:
¿Acaso piensas que no puedo orar a mi Padre, y que ÉL no me daría más de doce legiones de ángeles?

Jesús también conocía que los ángeles estaban para Su servicio, y en este texto dice que no quiere pedir ayuda de los ángeles; porque si lo hacía, entonces vendrían los ángeles; y por esa razón Él no pide ayuda de los ángeles porque tenía que llevarse a cabo el arresto, la crucifixión, la muerte y la resurrección de Jesús; que nos llevaría a la salvación para todos los que creyeren.

Estos son solo ejemplos de que los ángeles del cielo están para ayuda de todos los cristianos, por esa razón le animo, que nunca se desanime en la intercesión, no se desanime en cualquier crisis que usted esté atravesando, siga adelante y pida ayuda para fortaleza y cobertura de los ángeles para su vida.

Declaración:

En este momento Padre Celestial yo levanto un vallado de ángeles de guerra alrededor de mi vida, activo ángeles alrededor de mi familia, activo ángeles alrededor de mi vehículo, activo ángeles alrededor de mi casa, alrededor de todas mis pertenencias y levanto una protección con esos ángeles de guerra en mi vida y alrededor de mi familia y en todo lo que me pertenece en el nombre glorioso de Jesús.

Yo activo a los ángeles de guerra para **proteger mi vida** en el nombre de Jesús.

Yo activo a los ángeles guerreros que están listos para **proteger mi familia** en el nombre de Jesús.

Yo activo los ángeles guerreros que están disponibles para **proteger mi casa** en el nombre de Jesús.

Yo activo los ángeles guerreros que están a mi favor para **proteger mi salud** en el nombre de Jesús.

Yo activo a los ángeles de guerra para **proteger todas mis pertenencias** terrenales como espirituales en el nombre de Jesús.

Yo activo a los ángeles guerreros que están para **proteger mis finanzas** en el nombre de Jesús.

Yo activo a los ángeles guerreros que están para **proteger mi congregación** en el nombre de Jesús.

DAVID CONTRA EL GIGANTE

1 Samuel 17:45
Tu vienes a querer espantarme gigante del infierno, pero yo vengo a ti en el nombre de Jehová de los ejércitos, el Dios de los escuadrones de Israel, a quien tú has provocado.

Yo activo a los escuadrones del Dios Viviente para pelear a favor de mi vida en el nombre de Jesús!!!
Ningún gigante del infierno podrá asustarme por más grande que parezca, **porque MAYOR es ÉL que está dentro de mí**, que se llama Espíritu Santo de Dios; y tengo escuadrones del Dios Viviente que están listos para pelear a mi favor y defenderme en cualquier momento de emergencia o necesidad, en el nombre de Jesús.

Por esa razón, no le tengo miedo a nada del reino de las tinieblas y estoy cubierto por el Reino de Dios para bendición de mi vida y la de mi familia.

LAS LLAVES QUE CRISTO NOS DEJÓ PARA DESATAR

Mateo 16:19b... Y <u>TODO LO QUE DESATARES EN LA TIERRA SERÁ DESATADO EN LOS CIELOS.</u>

Jesús le dio la autoridad a Su iglesia para desatar cualquier cosa en la tierra y Él respaldaría todo lo que Su iglesia desate.
Por esa razón es muy importante las palabras que hablamos en nuestra vida cotidiana, ellas serán para bien o para mal, dependiendo de lo que nosotros mismos declaramos.

Como hijo de Dios usted tiene la autoridad y el poder para desatar (declarar) bendiciones sobre su vida, sobre su familia, sobre su trabajo, sobre su salud, sobre sus finanzas, etc.

En este momento **YO "DESATO" todas las bendiciones del Dios** Eterno sobre mi vida en el nombre de Jesús
1. Yo desato Milagros creativos para mi ministerio en el nombre de Jesús.
2. Yo desato liberación Sobrenatural para mi familia en el nombre de Jesús.
3. Yo desato Sanidad Sobrenatural de Dios para mi familia y mi congregación en el nombre de Jesús.
4. Yo desato Amor Sobrenatural de Dios para mi vida en el nombre de Jesús.
5. Yo desato la Gracia Sobrenatural de Dios para mi vida y mi familia en el nombre de Jesús.
6. Yo desato la Misericordia Sobrenatural de Dios para mi vida y familia en el nombre de Jesús.
7. Yo desato la FE Sobrenatural de Dios para mi vida en el nombre de Jesús.
8. Yo desato la Paz Sobrenatural de Dios para mi vida y la de mi familia en el nombre de Jesús.
9. Yo desato Sabiduría Sobrenatural de Dios para mi vida y la de mi familia en el nombre de Jesús.
10. Yo desato prosperidad espiritual para mi vida y mi familia en el nombre de Jesús.

11. Yo desato crecimiento espiritual para mi vida y la de mi familia en el nombre de Jesús.
12. Yo desato prosperidad financiera para mi vida, para mi familia, para mi congregación en el nombre de Jesús.

En este día yo declaro que somos una familia sin deudas por causa del Reino de los cielos que quiere que yo prospere y sea bendecido en todo lo que yo emprenda en esta tierra en el nombre glorioso de Jesús.

Lucas 18:29-30
Y Jesús les dijo: De cierto os digo, que no hay nadie que haya dejado casa, o padres, o hermanos, o mujer, o hijos, por el reino de Dios, Que no haya de <u>recibir MUCHO más en este tiempo</u>, y en el siglo venidero la vida eterna.

3Juan2
Amado, yo deseo que tú seas prosperado en todas las cosas, y que tengas salud, así como prospera tu alma.

Josué 1:8
Nunca se apartará este libro de la ley, sino que día y de noche meditarás en él, para que guardes y hagas conforme a todo lo que en él está escrito; porque entonces harás PROSPERAR tu camino, y todo te saldrá bien.

Jeremías 29:11 NVI
Porque yo sé muy bien los planes que tengo para ustedes, planes de bien y no de mal, a fin de darles un futuro y una esperanza.

Padre Nuestro que estás en los cielos, en este momento, yo decreto un rompimiento en la atmósfera espiritual y los cielos se abren a causa de mi intercesión.

Yo declaro que toda bendición que estaba paralizada por el maligno se pone en modo de movimiento para bendición de mi vida y para que fluyan todas Tus bendiciones, que Tú planeaste sobre mi vida y mi familia el día de hoy en el nombre de Jesús.

- Yo decreto un día bendecido para mi vida y para mi familia en el nombre de Jesús!

- Yo decreto un día bendecido en mi ministerio, en mi trabajo, en mi negocio en el nombre de Jesús!

- Yo declaro el reino de las tinieblas derrotado así como Cristo ya lo hizo en la cruz y decreto que nuevas vidas se entregan hoy a Cristo, en el nombre de Jesús.

- Yo decreto cielos abiertos para mi vida, para mi cónyuge, para mi familia, para mi ministerio y para mi congregación en el nombre de Jesús.

- Yo decreto salud en mi cuerpo y en mi familia en el nombre de Jesús.

- Yo decreto bendición espiritual para mi vida, para mi familia, para mi ministerio y para mi congregación en el nombre de Jesús.

- Yo decreto bendición financiera para mi vida, para mi familia, y para mi congregación en el nombre de Jesús.

- Yo decreto plantar la Palabra de Dios en alguna persona el día de hoy con la ayuda del Espíritu Santo.

- Yo declaro bendecir a una persona en necesidad en este día en el nombre de Jesús!

Nuestra intercesión hace detener el reino de las tinieblas y los planes que el maligno tenía en nuestra contra, quedan paralizados en el nombre de Jesús.

También nuestra intercesión remueve las tinieblas del lugar y creamos una atmósfera del Reino de Dios por lo que empezamos a declarar y desatar.

El interceder es reconocer nuestra identidad como hijos de Dios, y es conocer nuestro ADN y ponernos en el lugar que Cristo ya ganó para nosotros como hijos de Dios.

Cuando intercedemos hacemos descender el Reino de los cielos a la tierra y las tinieblas dejan de avanzar.

Toda persona que NO intercede le está cediendo su territorio, su vida, y su familia al reino de las tinieblas, por eso existe opresión en ese lugar.

A través de este estudio yo aprendí que si no intercedo por mi vida o por mi familia, estoy dejando sin cobertura mi vida y mi familia; eso significa dejar al enemigo que haga lo que él quiera, como quiera y a la hora que él quiera.

Por lo tanto, no esperaré que el diablo venga y me ataque para que yo me levante a interceder, sino que hoy me comprometo y declaro que **"NO desmayaré en esta intercesión"** y no dejaré sin protección a mi vida, ni a mi familia en el nombre de Jesús.

No dejaré sin protección mi trabajo, mi negocio, mi congregación ni mis amistades.

Haré lo que Cristo nos pidió como sus discípulos, Velaré y oraré para que yo no caiga en ninguna tentación del mundo, ni del diablo, ni de la carne. Mateo 26:41

Haré lo que el apóstol Pablo dejó escrito: Me fortaleceré en ÉL Señor todos los días, porque allí está el secreto de mi victoria para mi vida en ésta tierra. Efesios 6:10

Hermoso Espíritu Santo de Dios guíame en todas las cosas durante este día, enséñame a tener una comunión contigo a cada momento, no quiero contristarte, ni apagarte.

Padre celestial muchas gracias yo te doy, por haberme dado la oportunidad de estar el día de hoy con vida y estar con mi familia.

Somos el Ministerio Internacional Transformando Vidas localizada en la ciudad de Garden Grove, California.

Si este libro ha sido de bendición para su vida, lo animamos para que lo recomiende con sus amistades y hermanos de su congregación; estamos para bendecir las vidas del cuerpo de Cristo.

Si usted desea apoyar este ministerio financieramente, puede hacerlo por medio de texto al número 714-500-7953

Si a través de este libro usted recibió una nueva impartición en su vida espiritual comparta su testimonio con nosotros a este correo electrónico y seguirá siendo de bendición para otros.

transformandovidasgg@gmail.com

Made in the USA
San Bernardino, CA
07 August 2020